新能源汽车动力电池安全管理研究

周伟伟　著

哈尔滨出版社

HARBIN PUBLISHING HOUSE

图书在版编目（CIP）数据

新能源汽车动力电池安全管理研究／周伟伟著.
哈尔滨：哈尔滨出版社，2024.8. -- ISBN 978-7-5484-
8119-5

Ⅰ．U469.720.3

中国国家版本馆 CIP 数据核字第 2024K6W037 号

书　　名：**新能源汽车动力电池安全管理研究**
　　　　　XINNENGYUAN QICHE DONGLI DIANCHI ANQUAN GUANLI YANJIU

作　　者：周伟伟　著
责任编辑：赵海燕
封面设计：赵庆旸

出版发行：哈尔滨出版社（Harbin Publishing House）
社　　址：哈尔滨市香坊区泰山路 82-9 号　　邮编：150090
经　　销：全国新华书店
印　　刷：北京鑫益晖印刷有限公司
网　　址：www.hrbcbs.com
E - mail：hrbcbs@yeah.net
编辑版权热线：（0451）87900271　87900272
销售热线：（0451）87900202　87900203

开　　本：787mm×1092mm　1/16　印张：9　字数：245 千字
版　　次：2024 年 8 月第 1 版
印　　次：2024 年 8 月第 1 次印刷
书　　号：ISBN 978-7-5484-8119-5
定　　价：48.00 元

凡购本社图书发现印装错误，请与本社印制部联系调换。
服务热线：（0451）87900279

前　言

　　随着我国汽车产业的持续发展，新能源汽车作为解决环境污染和能源短缺问题的关键路径，正受到广泛关注。得益于国家政策的扶持与资金的注入，新能源汽车市场蓬勃兴起，动力电池产业作为其核心支撑，亦迎来了前所未有的发展机遇。2020年，我国新能源汽车产量跃升，直接导致动力电池配套量激增。然而，伴随行业的飞速发展，如何提升产品质量、降低成本、确保新能源汽车的安全性与市场竞争力，成为动力电池产业亟待解决的关键课题。

　　在此背景下，本书深入探讨了新能源汽车动力电池的安全管理策略，首先概述了新能源汽车及动力电池的基础理论，随后详细介绍了各类动力电池的特点，聚焦于电动汽车的电池管理系统，深入剖析了充电管理、电池检修等关键环节。本书汇聚前沿研究成果，为相关领域的研究人员及从业者提供实用的安全管理方法。

　　笔者深知，尽管本书在撰写过程中力求严谨，但受限于自身的知识水平与经验，难免存在不足之处。因此，笔者诚挚地邀请专家及广大读者提出宝贵的修改意见和建议，共同为新能源汽车动力电池的安全管理贡献智慧与力量。

目 录

第一章　新能源汽车概述 ·· 1

　　第一节　能源与汽车的关系 ································· 1

　　第二节　新能源汽车的特征和分类 ······················ 7

　　第三节　发展新能源汽车产业的必要性 ················· 10

　　第四节　新能源汽车技术路线及关键技术 ··············· 16

第二章　汽车动力电池基础 ·· 22

　　第一节　动力电池基础知识 ····························· 22

　　第二节　车辆对动力电池的要求 ························· 37

　　第三节　动力电池的测试 ······························· 42

第三章　新能源汽车的动力电池的分类 ························ 50

　　第一节　蓄电池 ······································· 50

　　第二节　镍镉电池 ····································· 55

　　第三节　镍氢电池 ····································· 60

　　第四节　锂离子电池和锂离子电池箱 ···················· 65

第四章　电动汽车电池管理系统 ································· 74

　　第一节　动力电池管理系统的内容 ······················ 74

　　第二节　动力电池管理系统的参数采集方法 ············· 79

　　第三节　动力电池电量管理 ····························· 85

　　第四节　动力电池均衡管理 ····························· 91

　　第五节　动力电池热管理 ······························· 96

　　第六节　动力电池的电安全管理和数据通信 ············ 102

第五章　新能源汽车的充电管理与电池检修 ···················· 106

　　第一节　新能源汽车的充电管理控制 ···················· 106

　　第二节　新能源汽车的电池管理系统故障分析 ···················· 122

　　第三节　新能源汽车电池管理系统的检修 ···················· 129

参考文献 ···················· 137

第一章

新能源汽车概述

第一节　能源与汽车的关系

一、能源概述

（一）主要的新型能源

1. 太阳能

太阳能，源自太阳内部持续的核聚变反应，分为直接太阳能与间接太阳能两大类。前者指太阳直接辐射的能量，后者则涵盖由太阳辐射引发的水能、风能、波浪能等自然能源。我国太阳能资源极为丰富，其分布特征显著，高原地区及西部干燥区的太阳能资源远胜于平原与东部湿润区。每年，我国陆地吸收的太阳能辐射量巨大，相当于巨量标准煤的能量。

在太阳能的应用上，我们已探索出光－热转换、光－电转换及光－化学能转换等多种途径。太阳能供暖与工业供热技术已具备市场竞争力，而光伏电池领域更是取得了显著进步，薄膜光伏电池的产业化转换效率大幅提升，新型光伏电池也逐步进入市场。

然而，我国太阳能产业仍面临诸多挑战。成本高昂是光伏发电普及的主要障碍，尽管价格已大幅下降，但仍需国家补贴支持。电力系统及市场机制尚不适应光伏发电的快速发展，传统能源与光伏能源在电力市场上的竞争日益激烈。此外，国际贸易保护主义对我国光伏产品构成压力，影响其全球应用。太阳能热发电的产业化能力尚显不足，产业链有待完善。同时，传统的太阳能热水应用领域也进入了发展瓶颈，亟须开拓新的市场。

2. 风能

风能，作为由太阳能辐射热引发的自然现象，其全球可利用潜力很高，若能成功挖掘其中的20%，其能量将相当于全球能源年消费量的七倍。风能以其巨大的蕴藏量、可再生性、广泛分布及无污染的特质，在众多能源中脱颖而出。然而，能量密度低、不稳定性和地区间的显著差异，也构成了风能利用的显著挑战。

在我国，风能资源尤为丰富的地区集中在三北（东北、华北、西北）以及沿海与岛屿地带。具体而言，我国陆地 70 米高度上，风功率密度超过 $150W/m^2$ 的区域，其技术可开发的风能资源高达 72 亿千瓦；而当风功率密度提升至 $200W/m^2$ 以上时，这一数字更是攀升至 50 亿千瓦。

风能的应用领域广泛，涵盖风力发电、提水、制热及助航等多个方面。其中，风力发电作为风能利用的主导形式，其发展路径多样：小型风力发电机可独立运行，辅以蓄电池蓄电；亦可与柴油机等其他发电方式结合，为特定区域供电；更重要的是，风力发电正逐步并入常规电网，通过大规模风电场的建设，向大电网稳定输送电力，这不仅是风力发电的主要发展方向，也是实现风能高效利用的关键途径。

尽管风力发电展现出强劲的发展势头，但其技术局限仍不容忽视。目前，风力发电的成本仍高于传统发电方式，对补贴的依赖程度较高；同时，风力发电机的转换效率有待提升，且其使用寿命也需进一步延长。这些挑战要求我们在推动风力发电技术创新的同时，不断探索和优化风能利用的新模式，以实现风能资源的可持续开发和利用。

3. 生物质能

生物质能，作为源自光合作用产物的可再生能源，以其低碳、广泛分布、可存储、多样且成本相对较低的优势脱颖而出，尽管在技术层面相对简易，但仍面临热值及热效率低、运输不便、单位土地产能有限、适宜土地稀缺、原料水分含量高等挑战。我国生物质资源极为丰富，涵盖了农业废弃物、林业生物质、生活及工业废水、人畜排泄物乃至城市固体垃圾等多个领域。

当前，生物质能的应用主要集中在发电、成型燃料、燃气及生物液体燃料四大领域，展现出广阔的应用前景。然而，从产业成熟度来看，生物质能仍处于发展的初级阶段，面临产业化基础不牢固、商业模式探索不足、产业支撑体系尚未完善、技术创新与研发能力亟待加强以及政策环境需进一步优化等难题，这些问题共同构成了生物质能进一步发展的瓶颈。

4. 核能

核能，亦称原子能，源自原子核结构变化时释放的庞大能量。其释放途径主要有二：核裂变与核聚变，前者如原子弹，后者则如氢弹。核裂变的核心原料为铀与钍，其中铀在地壳及海水中的储量虽丰，但分布零散，集中开采难度大；相较之下，钍的来源更为广泛，价格亦较亲民。而核聚变的原料在地球上极为充裕，特别是海水中的氘，其储量足以支撑人类使用数十亿年之久。

核能以其能量巨大、集中，运输便捷及地域适应性强等显著优势著称，加之核能发电技术的日益成熟，使得核能在全球能源体系中占据举足轻重的地位，与化石能源及可再生能源并列为世界能源的三大支柱。核能不仅在保障能源安全、优化环境质量方面贡献卓著，更对军事、经济、社会及政治等多个领域产生了深远而广泛的影响。然而，核能的应用亦伴随着高昂的成本、严苛的安全要求以及对地质条件的高度依赖等挑战，需要我们在推进核能利用的同时，不断探索与创新，以实现其安全、高效、可持续的发展。

5. 页岩气

页岩气，作为一种主要赋存于暗色泥页岩中的天然气资源，其开采具有寿命长、生产周期长的显著优势，但也因储层渗透率低而增加了开采难度。全球范围内，页岩气资源储量丰富，广泛分布于北美、东亚、南美、北非及澳大利亚等区域。

在我国，页岩气开采技术已取得重大突破，有效打破了国外技术垄断。然而，页岩气的开发利用之路仍非坦途，面临多重挑战：一是投资规模庞大，周期漫长，且产量递减迅速，伴随诸多不确定性，给开发企业带来沉重的资金负担与投资风险；二是深层开发技术尚待攻克，尤其是针对川南等关键产区，其资源埋深超过 3500 米的比例过半，对技术水平与装备能力提出了更高要求；三是勘探开发领域竞争力不足，影响了整体进展；四是受传统化石能源价格下跌影响，天然气市场竞争力减弱，加之页岩气开发成本高于常规天然气，进一步加大了市场拓展的难度。

6. 氢能

（1）氢能概述

氢能是指以其同位素为主导的反应中所释放的能量，它是一种新的清洁二次能源。它的特点主要有以下几个。

①来源广泛，地球上的水储量为 21018 万吨，是氢取之不尽、用之不竭的重要源泉。

②氢的燃烧值高，表 1 – 1 为常见燃料的燃烧值，可见氢的热值高于表中其他常见燃料。

③氢本身无色、无味、无毒，燃烧效率高。

④氢的存在形式多，适应储运及各种应用环境的不同要求。

表 1 – 1　常见燃料的燃烧值

燃料种类	氢气	甲烷	汽油	乙醇	甲醇
燃烧值/$(kJ \cdot kg^{-1})$	121061	50054	44467	27006	20254

工业制氢主要有几种方法：①采用化石燃料制取氢气；②从化工副产物（焦炉气等）中提取氢气；③采用来自生物的甲醇甲烷制取氢气；④利用太阳能和风能等自然能量进行水的电解氢气还能够通过传统的电解水法获得，但这种方法由于能耗过高，已少有新建装置。

（2）氢能应用

氢能的应用探索可追溯至两百年前，而我国在 20 世纪 60 至 70 年代，已在液氢及燃料电池技术，尤其是其在火箭燃料领域的应用上，展开了积极的研究与实践。氢能的应用广泛，涵盖了燃料电池、燃气轮机（蒸汽机）发电、内燃机及火箭发动机等多个领域，其中燃料电池更被视为未来社会发电与动力的核心设备。尽管燃料电池发动机的关键技术瓶颈已获突破，其市场化推广仍面临规模化不足的挑战。

作为备受瞩目的新型能源，氢能在实际应用中遭遇的难题不容忽视。首要问题是制氢过程高度依赖化石燃料，这一过程不仅资源有限且伴随着环境污染，同时制氢效率低下，能耗巨大。另一大障碍在于氢气的储存、运输环节缺乏足够的安全保障措施。鉴于氢气易气化、易燃易爆的特性，如何安全高效地将其从生产端输送至需求端，成为制约氢能商业化进程的关键因素。解决这些难题，对于推动氢能产业的规模化、商业化发展至关重要。

7. 可燃冰

可燃冰，作为天然气水合物的俗称，是深海沉积物与永久冻土中天然气与水在特定高压低温环境下形成的冰状结晶体。其形成依赖于温度、压力及充足气源三大条件，因此全球约97%的可燃冰资源蕴藏于海洋之中，尤以南海为我国主要分布区，储量高达680亿吨油当量，足以支撑我国未来百年的能源需求，对维护国家能源安全与促进经济发展具有深远意义。

然而，可燃冰的开发之路并非坦途。首要挑战在于技术与安全层面，其开采过程可能诱发海底地质灾害，如井壁失稳、井径扩张乃至井喷，直接威胁钻井平台及海底基础设施安全。加之可燃冰深埋海底，非自喷特性及庞大的开采运输规模均推高了成本。同时，生态与环保问题亦不容忽视，不当的开采方式可能导致可燃冰迅速气化并释放至大气，加剧全球变暖，而海底采掘活动亦会对脆弱的海洋生态系统造成破坏。

8. 其他

（1）海洋能

海洋能，作为蕴藏于浩瀚海水中的可再生能源，涵盖了潮汐能、波浪能、温差能、海（潮）流能及盐差能等多种形式，其总量在海洋水体中极为庞大，且具备可再生与清洁的双重优势，对环境友好，污染极小。我国海洋能资源尤为丰富，据评估，潮汐能可达1.9亿千瓦，波浪能开发潜力高达1.3亿千瓦，沿岸区域波浪能亦有0.7亿千瓦之巨，而海（潮）流能则约为0.5亿千瓦。此外，海洋温差能与盐差能分别蕴藏着1.5亿千瓦与1.1亿千瓦的潜在能量。展望未来，我国海洋能的开发利用应聚焦于提升能源转换效率、深化远海海域资源的勘探与利用，以及拓宽海洋能技术的多元化应用场景，通过持续的研发与技术创新，推动海洋能产业迈向更高水平的发展阶段。

（2）地热能

地热能，源自地球内部的高温高压环境，是一座庞大的天然"热库"，以其清洁、高效、稳定及安全的特性，在可再生能源中脱颖而出，利用效率高达80%，对于缓解雾霾、促进节能减排及优化能源结构具有不可替代的重要作用。我国作为地热资源大国，储量约占全球六分之一，其浅层、中深层及干热岩资源量分别相当于数十亿至数万亿吨标准煤，具有巨大的能源替代潜力。

当前，我国在地热勘探、设计、施工及设备制造方面已形成较为完善的体系，但要实现地热能产业的规模化、长期可持续发展，仍需多措并举：需进一步摸清主要沉积盆地地热资源分布情况，科学规划产业布局；需出台优惠政策与法规，推动碳汇交易机制，激发市场活力；需加大科技创新力度，突破技术瓶颈，特别是在干热岩开发利用及水热型地热系统升级等关键技术上取得突破。同时，在开发过程中应坚持回灌原则，实施地热水梯级多模式利用策略，以最大化地热资源的综合效益，推动地热能产业健康、有序发展。

（3）甲醇

甲醇，其化学式为 CH_3OH，作为结构最简单的饱和一元醇，虽蕴含剧毒且易吸收水汽，但其广泛的来源与多样的制取方式（如煤炭、天然气、煤层气、可再生生物资源及分类垃圾等）赋予了其重要的工业价值。尤其在我国，甲醇生产以煤为主要原料。甲醇的应用领域广泛，一方面作为化工原料，在甲醛、醋酸及甲基丙烯酸甲酯等产品的生产中占据关键地位；另一方面，其作为性能优越的能源及车用燃料，能够掺入汽油作为替代能源，近年来甲醇燃料消费量的快速增长已成为推动甲醇需求增长的主要力量。

甲醇燃料凭借其能够以煤及天然气为原料进行大规模生产的经济性与技术成熟性，在储存与使用上展现出便捷性，进一步巩固了其市场地位。展望未来，我国甲醇产业将持续健康发展，其发展方向明确指向石化替代领域的需求增长、甲醇燃料电池在多元化应用场景的拓展、原料结构向煤制甲醇的深度调整，以及产业格局的区域化特征日益显著。这一系列趋势共同预示着甲醇产业更加广阔的市场前景与技术创新空间。

（4）乙醇

乙醇，俗称酒精，其能与水无限比例互溶且伴随热量释放。在工业生产领域，乙醇的制备主要采用化学合成法与生物发酵法两大途径。当前，随着技术的进步，第二代生物发酵技术正蓬勃发展，该技术聚焦于利用纤维素及半纤维素等生物质原料，旨在解决传统生物乙醇生产中的资源竞争问题，有效缓解了与农业用地及粮食生产的冲突。同时，这一技术为城市生活垃圾、木薯秸秆及甘蔗渣等废弃物的资源化利用提供了创新方案，展现出广阔的应用前景与市场潜力。

（二）能源转换与电能

能源转换是将自然界直接获取的一次能源（如水能、太阳能、风能、生物质能、原油、原煤、天然气及天然铀矿等）转化为二次能源的过程，其中二次能源主要指电能，其应用范围极为广泛。尽管少数一次能源（如天然气）可直接作为终端能源使用，但大多数一次能源均需通过转换才能高效利用。电能相较于其他能源形式，展现出诸多优势：它便于实现大规模生产及远距离输送，转换过程灵活且易于控制，传输与利用过程中损耗小、效率高，且在使用过程中不产生有害气体和噪声污染。鉴于这些特点，新能源发电已成为当前新能源领域的主要利用形式，对推动能源结构转型与可持续发展具有重要意义。

二、汽车与能源

（一）汽车产业与能源安全

长期以来，我国深刻认识到能源安全对于国家发展的重要性，因此采取了多维度的战略举措，旨在提升本土能源产能、促进能源供应的多元化、并积极拓宽能源来源与运输通道。然而，要从根本上保障能源安全，关键在于有效遏制能源消费的过快增长，通过技术创新与政策引导双管齐下，大力提升能源使用效率。同时，坚定不移地推动各类新能源的研发与应用，构建清洁、低碳、高效的能源体系，以应对日益严峻的能源挑战与环境压力。

（二）新能源汽车的战略意义

以电动汽车为主的新能源汽车如今的大面积推广，是在国家层面的政策指导下稳步推进的，说明我国把发展新能源汽车上升到国家战略的高度，总体从以下几点考虑。

1. 降低能源消耗，确保能源安全

核能、风能、太阳能以及氢燃料等清洁能源，均具备转化为电能的潜力，尤其是氢燃料，理论上被视为"无穷无尽"的资源。当前，这些能源形式面临的主要挑战在于技术成熟度的提升与电力生产成本的降低。随着科研投入的不断增加和大规模商业应用的推进，这些技术瓶颈有望迅速得到突破。在此背景下，全球各国正积极致力于探索清洁、高效的替代能源，以驱动汽车等交通工具，旨在实现汽车行业的低碳转型、促进能源供应的多元化，并将保障国家能源安全提升至国家战略的核心地位。

2. 减少环境污染，降低治理难度

在发电领域，风能、电能（作为清洁能源的传输形式）、水能及核能的大力推广，为我们提供了丰富的清洁能源选择，显著优于污染严重的火力发电方式，对大气环境的污染控制难度亦大幅降低。同时，针对电池废弃物的处理，随着回收技术的日益精进，不仅提高了资源回收率，还催生了低污染、高安全性的新型蓄电池产品。相较于广泛分布且难以集中治理的汽车尾气污染，电厂、电站等固定污染源的管控更为高效。此外，新能源汽车以其低噪声特性，为城市噪声污染的缓解贡献了力量。综上所述，新能源汽车的普及已成为当前强化环境治理、推动绿色发展的必然选择。

3. 实现智能出行，推动社会发展

汽车作为现代文明的产物，极大地便利了人们的生活，但同时也衍生出交通事故频发、交通拥堵加剧等社会问题（此处环境与能源议题暂且不论）。长期以来，汽车企业虽不懈努力以缓解这些矛盾，但效果有限，根本原因在于汽车技术与快速发展的通信、信息技术等领域尚未实现充分融合。

而今，随着信息技术、移动互联网、人工智能及大数据技术的飞速进步，以及智能交通系统与智慧城市的逐步构建，人类社会正迎来解决交通事故、缓解交通拥堵等难题的新曙光。这一趋势预示着更高品质生活方式的到来，其中智能出行将成为不可或缺的一部分。在此背景下，新能源汽车作为未来交通的重要组成部分，不仅是推动能源结构转型的关键，更是实现智能出行、引领社会发展趋势的核心举措。

4. 缩短产业差距，瞄准产业高端

加速新能源汽车的发展，对我国而言，不仅是实现从汽车制造大国向汽车强国转型的战略契机，更是一个千载难逢的历史机遇。当前，中国汽车制造业虽已跻身世界

前列，产销量连续多年领跑全球，但在诸如发动机控制、电子电气系统、能量管理等核心技术领域，我们仍需砥砺前行，不懈追求技术创新。

值此之际，我国坐拥全球最大的汽车市场之一，配以完善的政策体系和坚实的资金后盾，同时在某些关键技术领域已具备国际领先地位，为新能源汽车的飞跃式发展奠定了坚实基础。我国汽车企业应紧抓这一黄金时机，前瞻性地规划新能源汽车发展战略，聚焦核心技术研发，力求在关键领域取得更多突破性成果。如此，方能在未来与全球汽车品牌的激烈竞争中占据优势地位，推动我国汽车产业实现质的飞跃，从制造大国迈向制造强国。

第二节　新能源汽车的特征和分类

一、新能源汽车的特征

新能源汽车，指的是一类采用非传统汽油、柴油发动机，转而依赖或主要依赖新型动力系统及其对应能源驱动的汽车。这些新型能源包括但不限于燃料电池、混合动力技术（包括插电式混合动力及增程式）、纯电力以及氢能等。相较于传统燃油汽车，新能源汽车在废气排放方面表现出色，显著降低了对环境的污染。总之，新能源汽车代表了汽车行业向更加环保、可持续方向发展的重要趋势。

（一）新能源汽车的优点与缺点

随着社会经济的蓬勃发展，民众生活水平显著提升，对生活环境质量的期望也水涨船高，尤其是对清洁、美好环境的追求日益迫切。鉴于燃油汽车尾气排放对环境造成的负面影响，全球范围内掀起了一股新能源汽车的推广热潮。在我国，这一趋势尤为明显，不仅众多城市的公交系统已全面或部分转向新能源，消费者在购买私家车时也愈发倾向于选择绿色环保的新能源车型，预示着新能源汽车市场拥有无比广阔的发展前景。

新能源汽车与燃油汽车的本质区别在于动力源的不同。后者依赖汽油、柴油等传统化石燃料，排放量大且污染严重；而前者则采用非燃油动力装置，以清洁能源为核心，有效减少了二氧化碳等有害气体的排放，对环境保护起到了积极作用。鉴于其环境友好特性，许多城市在应对交通拥堵与环境污染双重挑战时，对新能源汽车实施了不限号政策，进一步促进了其普及与应用。

技术层面，新能源汽车通过创新技术与先进结构设计，实现了更高的能效转换率，相较于燃油汽车，其运行效率显著提升。然而，作为新兴产物，新能源汽车在基础设施建设、充电效率、续航里程及售后服务等方面仍面临挑战。具体而言，充电桩分布不均且数量有限，充电时间长，影响了用户体验；蓄电瓶容量限制导致续航里程较短，且加速性能相对平缓，不太适合长途行驶；同时，专业维修人员的匮乏也限制了其服务的及时性和有效性。因此，新能源汽车行业的持续发展还需在技术创新、基础设施完善及服务体系构建等方面持续努力。

（二）新能源汽车性能分析

在购买新能源汽车时，无论是倾向于电动车还是混合动力汽车，我们的核心关注点都应在于车辆的整体性能。具体而言，以下几个性能指标是购车决策时应重点考量的：

首先，新能源汽车的电池容量是关键参数之一，它直接关系到车辆单次充电后的续航能力。电池容量常以 Ah（安时）或 mAh（毫安时）为单位衡量，这些单位反映了电池在恒定电流下放电至耗尽所需的时间，进而决定了车辆的行驶里程。

其次，电动机功率是衡量新能源汽车动力性能的重要指标。作为将电能转化为机械能的关键部件，电动机的功率直接影响了车辆的加速性能、爬坡能力及最高速度等。同时，关注电能转化为动能的转换效率也尤为重要，它反映了电动机的能量利用水平。

最后，充电时间同样不可忽视，它直接关系到用户的日常用车便捷性。充电时长受电池容量、充电电流及充电桩输出功率等多重因素影响。对于消费者而言，了解车辆从低电量充至80%所需的时间尤为关键，因为这通常是日常使用中最为常见的充电场景。

二、新能源汽车的分类

（一）纯电动汽车

纯电动汽车，作为完全依赖电能驱动、符合道路交通安全标准的交通工具，其动力源自车载可充电储能系统或其他能量存储单元。此类汽车在电力供应覆盖区域均能实现便捷充电，展现了其技术上的相对成熟与便利性。然而，纯电动汽车亦面临一些挑战：蓄电池的能量密度有限，单位质量储存的能量相对较少；加之电池成本较高，且由于电动汽车产业的经济规模尚待扩大，导致购车初期价格较为昂贵。至于使用成本，则因电池寿命及当地油价、电价差异而异，部分纯电动汽车的运营成本高于传统汽车，但也有数据显示其成本仅为后者的1/7～1/3，体现了其在经济性上的潜力与不确定性。

（二）增程式电动汽车

增程式电动汽车作为一种创新的电动出行方式，融合了地面充电与车载供电技术，实现了纯电驱动。其独特之处在于可根据驾驶需求灵活切换至纯电动模式、增程模式或混合动力模式，这种灵活性让它成为连接纯电动汽车与混合动力汽车之间的桥梁车型。它既保留了纯电动汽车零排放、低噪声的优点，又通过增程系统延长了续航里程，同时具备了混合动力汽车的部分特性，尤其是其插电式串联混合动力的属性，它在市场定位上既被视作纯电动汽车领域的一种高级形态，也被归入混合动力汽车的范畴之内，引发了业界对其归属的广泛讨论。

（三）混合动力汽车

混合动力汽车是一种创新的汽车类型，其驱动系统由两个或更多能协同工作的单一驱动单元构成，根据实际行驶状态智能调配各单元单独或联合提供动力，形式多样，因组件、布局及控制策略的差异而异。该类型汽车具备多重显著优势：通过混合动力设计，内燃机得以在最优工况下运行，实现低油耗与低排放，同时保持与传统汽车相当的续航能力；电池系统的加入不仅有效回收下坡动能，还允许在市区环境下独立驱动车辆，实现零排放；内燃机的存在则轻松应对纯电动车难以解决的能耗密集型需求，如空调、取暖及除霜等；此外，混合动力汽车可兼容现有加油站，无须额外基础设施投资，同时优化电池管理，延长使用寿命，降低成本。整车因多动力源并存，动力性能卓越。然而，其系统结构的复杂性及在长距离高速行驶时省油效果的相对有限性，也是混合动力汽车技术发展中需要面对的挑战。

（四）燃料电池电动汽车

燃料电池电动汽车，作为纯电动汽车的一种高级形态，其核心在于利用燃料电池技术，通过氢气与空气中的氧气在催化剂作用下发生电化学反应，直接生成电能以驱动车辆行驶。这一技术路径显著区别于传统动力电池，其核心在于高效的电化学反应过程。在这一过程中，氢气作为还原剂，氧气作为氧化剂，共同促成了化学能到电能的直接转换。为实现这一转换，早期燃料电池电动汽车多采用直接氢燃料供应系统，利用液化氢、压缩氢气或金属氢化物等方式高效储存氢气。

燃料电池电动汽车展现出诸多显著优势：首先，其实现了零排放或近零排放，极大减轻了环境污染；其次，避免了机油泄漏可能引发的水体污染问题；再次，作为清洁能源的代表，它有效降低了温室气体的排放量；复次，燃料电池的高转化效率（约60%）确保了整车出色的燃油经济性；最后，车辆运行平稳且噪声极低，提升了驾乘体验。然而，燃料电池电动汽车也面临着成本挑战，包括燃料电池本身的高制造成本以及氢气作为燃料的昂贵使用成本。

（五）氢发动机汽车

氢发动机汽车，作为以氢发动机为核心动力源的零排放交通工具，其独特优势在于行驶过程中仅排放纯净水，实现了真正意义上的无污染与零排放，同时氢作为燃料来源广泛，储量丰富。然而，尽管氢发动机汽车前景广阔，其商业化进程仍面临多重挑战：氢燃料成本高昂，且因氢分子极小，其储存与运输在技术层面极具挑战性，易发生泄漏；此外，氢气的制备过程，无论是通过电解水还是利用天然气，均需消耗大量能源，若非依赖核电等低碳能源，则难以在减碳目标上取得实质性突破，从而限制了氢发动机汽车在大规模应用中对环境影响的全面优化。目前，氢发动机汽车正处于基础研发与小规模试验运营的关键阶段，未来需进一步突破技术瓶颈，降低成本，以推动其向市场普及。

（六）其他新能源汽车

新能源汽车领域涵盖了多种创新动力技术，其中不仅包括采用超级电容器、飞轮等高效储能装置的汽车，还广泛涉及纯电动汽车、混合动力汽车以及燃料电池电动汽车等主流类型。在我国市场，新能源汽车的定义主要聚焦于纯电动汽车、插电式混合动力汽车以及燃料电池电动汽车这三大类别。值得注意的是，混合动力汽车范畴内，特指插电式混合动力汽车被归类为新能源汽车，而传统混合动力汽车则通常被视为节能汽车。目前，新能源汽车行业正处于快速发展阶段，但整体尚未实现规模化量产。具体而言，部分车型如纯电动汽车和插电式混合动力汽车已初步进入市场，尽管销售规模尚待扩大；而燃料电池电动汽车等则仍处于积极的研发阶段，距离大规模商业化应用尚有一段距离。

三、新能源汽车安全问题及对策

应急管理部深入剖析指出，新能源汽车自燃现象主要归因于电池老化、热失控、外部碰撞、运行高负荷及极端高温环境等五大因素。为有效应对这一安全挑战，相关部门与企业已联手采取多维度措施。一方面，强化电池组与电动机的设计制造标准，实施更为严苛的安全规范与质量控制流程；另一方面，推动新能源汽车使用与维护的专业化与标准化，倡导车主遵循合理充电习惯，避免过充过放，并定期进行车辆安全检查与维护。同时，政府层面加速完善新能源汽车安全监管体系，提升安全性能评估标准。

面对新能源汽车产业高速发展的同时，车辆安全问题日益成为关注焦点。国家正积极构建顶层设计框架，不断提升安全标准门槛；而生产企业则需主动担当，勇于创新技术，将保障消费者安全视为首要任务，携手共促我国新能源汽车产业在安全与可持续发展的道路上稳步前行。

第三节 发展新能源汽车产业的必要性

一、新能源汽车与传统汽车的区别

当前，我国新能源汽车推广的焦点集中于插电式混合动力电动汽车与纯电动汽车。鉴于插电式混合动力汽车融合了燃油发动机与纯电机两套动力体系，此处我们聚焦于纯电动汽车，探讨其相较于传统燃油汽车的构造差异。纯电动汽车，作为燃油汽车技术革新的产物，其核心在于对传统结构的重塑与升级。具体而言，纯电动汽车在保留底盘、车身及部分电气设备的基础上，显著变革在于引入了电力驱动控制系统，并彻底摒弃了燃油发动机。这一系统，作为电动汽车的技术灵魂，由电力驱动主模块、车载电源模块及辅助模块精密集成，其中车载电源模块尤为关键，涵盖了动力电池、电池管理系统、车载充电机及辅助动力源等核心组件。电动汽车的动力源泉来自动力电池，电能经由电机控制器精准调控，驱动电机高效运转，再借助减速机构将动力平顺传递至车轮，从而驱动车辆行驶。除此核心变革外，纯电动汽车的其他构造与内燃机汽车保持了大体一致。

（一）新能源汽车产业对传统汽车产业的影响

1. 传统燃油车陆续禁售

随着新能源汽车技术的迅猛进步与全球气候变暖问题的日益严峻，多国政府已果断宣布燃油车禁售计划，展现了对绿色出行未来的坚定承诺。其中，德国与印度设定了 2030 年为燃油车销售终止年限，荷兰、挪威则更为激进，将这一期限提前至 2025 年。值得注意的是，法国与英国的禁售日期提及似有误，通常认为其目标更为长远，而非 2000 年。在全球禁售燃油车浪潮下，我国汽车行业亦积极响应，通过一系列政策调整推动产业转型升级。这些措施包括严禁新建传统燃油汽车生产项目，对既有企业燃油车产能扩张实施严格控制，以及实施积分管理制度，允许企业利用新能源汽车正积分来抵偿燃料消耗负积分，而电动汽车负积分则必须通过向其他企业购买电动汽车正积分来解决，从而有效激励汽车制造企业加大新能源汽车研发与生产力度，加速我国汽车行业向低碳、环保方向转型。

2. 传统汽车行业将迎来新的挑战和机遇

新能源汽车相较于传统燃油汽车，其标志性变革在于摒弃了复杂的发动机系统，转而拥抱电力驱动技术。这一转变，对汽车制造业产生了深远的影响：对于那些缺乏创新动力的企业而言，无疑是一道难以逾越的门槛，可能面临被市场淘汰的风险；反之，对于勇于探索、敢于突破的企业来说，新能源汽车的兴起则如同一股强劲的东风，不仅带来了前所未有的挑战，也孕育着巨大的发展机遇。这些前瞻性的企业正积极筹谋转型升级，一方面，聚焦于新材料的研发与应用，旨在提升新能源汽车机械传动机构的性能与效率，从而增强自身竞争力；另一方面，它们也积极寻求跨界合作，引入先进的产品技术，为新能源汽车产业链上下游提供全面而高效的配套服务，共同推动行业向更加绿色、智能的未来迈进。

（二）推动传统燃油汽车电子化、智能化

随着新能源汽车市场的蓬勃兴起，电能逐步成为其主导能源，与传统燃油汽车依赖发动机机械能形成鲜明对比。面对这一行业变革，各大汽车制造商竞相投入研发，推出各具特色的新能源汽车产品。为增强产品竞争力、提升生产灵活性与产品多样性，

企业界普遍采纳了模块化与平台化设计理念，旨在实现不同车型间生产线、零部件及系统模块的共享。这一策略不仅涵盖了电子转向系统、空调系统及电子液压助力系统等关键部件的通用化，还促使传统燃油汽车加速向电子化、智能化转型。通过零部件的跨车型通用，不仅显著降低了新车型的开发成本与生产周期，还推动了整个汽车行业的效率提升与成本优化，为新能源汽车与传统燃油汽车在未来实现无缝技术融合与市场对接奠定了坚实基础。

（三）新能源汽车与传统燃油汽车互补

当前，新能源汽车与传统燃油汽车之间存在着一种既互补又相互依赖的微妙关系。新能源汽车受限于续航里程，尚难以全面满足长途出行的需求，因此，在多数消费者首次购车选择中，新能源汽车往往不是首选，而更多被视作家庭第二辆车，用于城市内及短途通勤。此外，基础设施的不完善，特别是充电与停车设施的缺乏，成了制约新能源汽车普及的一大瓶颈，抑制了部分潜在消费者的购买意愿。再者，由于新能源汽车作为新兴领域，电池的耐用性及更换成本的不确定性，也让不少消费者持观望态度。

然而，新能源汽车的崛起是社会进步与技术发展的必然结果，随着技术的持续精进，其在交通运输体系中的重要性日益凸显。尽管面临挑战，但新能源汽车的环保、节能等优势不言而喻。理想的路径是，在充分发挥新能源汽车独特优势的同时，也应融合传统燃油汽车的成熟技术与经验，实现两者优势互补，共同构建更加高效、环保的出行解决方案，从而更好地服务于社会，提升民众生活质量。

二、发展新能源汽车产业的必要性

推进新能源汽车的发展，是践行绿色发展理念、捍卫生态环境的关键战略行动。此举不仅关乎国家能源安全的巩固，通过减少对进口石油的依赖，构筑起更为稳固的能源自给体系；也顺应了绿色转型的时代潮流，新能源汽车以其近乎零排放的特性，为减轻环境污染、守护蓝天白云贡献力量。在产业竞争层面，新能源汽车被视为中国汽车产业实现跨越式发展的契机，面对传统燃油车领域的技术封锁与国际品牌壁垒，发展新能源汽车成为突破限制、塑造自主核心竞争力的有效途径，助力中国汽车工业实现弯道超车。展望未来，随着智能 AI、物联网、大数据等前沿技术的深度融合，汽车作为制造业的标志性产物，正步入快速迭代升级的新阶段，新能源汽车有望成为引领下一轮工业革命的先锋力量，开启制造业智能化、网联化的新篇章。

（一）推动经济发展模式转变，促进经济增长的战略需要

电动汽车产业的蓬勃兴起及其运营模式的商业化探索，不仅为电动汽车核心零部件、电池技术、材料科学以及电力资源的优化配置开辟了广阔的发展机遇，还深刻影响着就业市场与经济格局。这一进程不仅创造了海量的就业机会，为城市经济注入新

活力，成为新的增长极，更通过产业链的延伸，驱动下游行业的转型升级，激发了相关领域的蓬勃生机，共同编织出一张紧密联动的经济发展网络。长远来看，电动汽车的普及与推广，正逐步引领经济发展模式向更加绿色、可持续的方向转变，为国民经济的长远健康发展奠定了坚实基础。

（二）智能电网建设的重要内容

电动汽车作为高效的分布式储能单元，通过精细化的充放电协调控制策略，不仅能够从电网汲取电能，亦能在系统负荷高峰时段反向供电，低谷期储存能量，有效实现电网负荷的削峰填谷功能。此外，该策略还能优化电动汽车的充放电行为，以平抑风能与太阳能发电的间歇性波动，进而提升新能源发电的综合利用效率和电网对可再生能源的接纳能力，促进能源系统的灵活性与稳定性。

（三）减少降低环境污染的有效途径

电动汽车在本质上被定义为一种近乎零排放的交通工具，其直接运行过程不产生污染物排放，主要的环境影响聚焦于发电端的能源生产及电池生命周期末端的废弃物处理。在发电领域，风能、水能、核能等清洁能源的大力推广与应用，为电动汽车提供了更加环保的"能量源泉"。即便考虑到火力发电这一相对污染较重的能源形式，其大气污染的控制难度相较于传统燃油汽车而言，也显著降低，体现了电动汽车在减少整体环境污染方面的积极贡献。

（四）汽车工业发展的必由之路

面对汽车尾气排放对环境污染及全球温室气体排放的严峻贡献，随着环保法规的趋严，传统汽车产业转型升级已迫在眉睫。我国应采取一种"过渡"与"转型"并进的策略，在全面提升传统汽车能效、推广节能车型以应对近中期能源与环境挑战的同时，为新能源汽车的长远发展奠定基石。此战略旨在双管齐下，一方面，通过技术革新优化传统汽车性能；另一方面，集中力量攻克动力电池、驱动电机及电控等关键技术瓶颈，加速纯电动汽车与插电式混合动力汽车的产业化进程，以此引领我国汽车工业向新能源时代跨越，抢占未来汽车技术竞争的高地，实现能源动力系统的根本性转型。

三、发展新能源汽车产业的战略意义

环境与可持续发展议题在全球范围内备受瞩目，新能源汽车产业作为我国七大战略性新兴产业的核心组成部分，不仅是未来国际汽车竞争格局中的关键战场，也是推动我国汽车产业转型升级、迈向汽车强国不可或缺的战略路径。其发展对于调整道路交通能源结构、减轻对进口石油的依赖、强化国家能源安全具有深远的战略价值，是保障汽车产业持续健康增长的根本基石。新能源汽车，特别是纯电动汽车与插电式混合动力汽车，集交通工具与分布式储能装置于一体，与智能电网的深度融合，能够有效实现电力供需的削峰填谷，提升发电效率，并在紧急情况下作为电力供应的重要补充资源。此外，充电技术的进步与充电基础设施的完善，则是支撑这两类新能源汽车产业蓬勃发展的基石，对于促进整个行业的全面升级至关重要。

（一）缓解能源重压

推广新能源汽车的应用，是应对石油资源日益紧张、缓解我国工业生产中环境污染加剧，尤其是汽车保有量激增所带来的能源消耗挑战的关键举措。面对石油资源逐渐枯竭的现实，若不及时采取有效措施，将加剧资源消耗速度，这种短视的开发模式与可持续发展的理念背道而驰。石油等不可再生能源的迅速耗竭，无疑会对我国的工业体系及经济增长造成深远的负面影响，甚至引发不可挽回的损失。因此，积极推广新能源汽车，不仅能够有效减轻对石油的依赖，还能推动我国能源供应结构向多元化、清洁化转型，为实现经济社会的可持续发展奠定坚实基础。

（二）减少空气污染

新能源汽车的广泛普及，被视为环境保护领域的一大利器，对于遏制空气污染、守护蓝天具有显著成效。在当前环境污染的多维度挑战中，空气污染尤为严峻，不仅直接关联到 $PM_{2.5}$ 等关键空气质量指标，更深刻影响着公众健康与生态系统平衡。全社会对提升空气质量的共识日益增强，新能源汽车通过大幅削减尾气排放，有效对抗汽车污染，为构建环境友好型社会奠定了坚实基础，展现了绿色出行对于改善生态环境、促进人与自然和谐共生的重要贡献。

（三）指引发展方向

新能源汽车无疑是未来汽车工业发展的主流趋势，全球众多企业正竞相投入资源，深耕其技术研发与产品创新，并已取得显著进展。作为世界重要一员，我国更应把握这一历史机遇，奋起直追，致力于弥补技术短板，掌握关键核心技术，实现从汽车生产大国向生产强国的华丽蜕变。这一过程中，将汽车制造业与环境保护紧密融合，不仅是对可持续发展理念的践行，也是缩小我国在环保领域与西方发达国家差距的有效途径，展现了我国在推动绿色出行、构建生态文明方面的决心与行动。

四、新能源汽车在交通运输行业的推广应用策略

（一）理清发展思路，树立发展原则

在交通运输领域推广新能源汽车，首要任务是明确发展战略，确立科学的发展原则，这是确保推广成效的核心所在。核心原则包括：一是稳定性原则，强调发展过程中的秩序与持续性；二是地域适应性原则，要求结合各地交通状况与基础设施实际，

精准测算新能源汽车需求，确保推广工作的合理性与有序性；三是安全性原则，将安全置于首位，加强新能源汽车安全技术研发，这是赢得市场信任、奠定推广基石的关键。综上所述，明确发展思路是新能源汽车推广的前提，当前，面对环保的紧迫需求，政府与企业应携手合作，创新商业模式，强化推广执行力，共同推动新能源汽车行业稳健前行，实现可持续发展。

（二）加强新能源汽车宣传

强化新能源汽车的宣传策略，是推动其普及的必由之路。唯有让公众深刻理解新能源汽车的概念及其独特优势，方能激发内心深处的认同感。鉴于国家对环保事业的日益重视，新能源汽车在交通领域的崛起势不可挡，其长远经济效益与社会效益显著。长远计议，高效宣传策略能深化公众对新能源汽车的认知，提振市场信心，促进销量攀升，从而有效应对传统能源发展困境。

具体策略上，首要任务是精准分类介绍各类新能源汽车，通过对比分析，直观展现它们各自的特色与优势。企业可携手央视等权威媒体平台，借助其公信力增强宣传内容的可信度，树立品牌形象；或联合国家权威媒体，深度报道新能源汽车的诸多益处，以此拓宽公众认知视野，全局把控宣传导向。

同时，宣传工作务必坚守诚信原则，杜绝虚假夸大，以免损害新能源汽车的良好声誉。当前，新能源汽车虽已取得一定成就，但发展仍任重道远，因此在功能宣传上应秉持实事求是态度，确保信息真实可靠，以赢得公众长久信赖与支持。

（三）投入经费，鼓励研究

新能源汽车的研发之路离不开坚实的资金与先进设备的双重支撑，鉴于新能源技术的复杂性及多环节试验的高成本特性，政府需扮演关键角色，不仅需加大资金投入力度，提升对新能源汽车研发领域的重视程度，还应积极拓宽融资渠道，引入社会资本，构建多元化融资体系，以激发社会各界对新能源汽车的关注与参与。在技术研发策略上，应紧密贴合市场需求，聚焦于解决新能源汽车实际应用中凸显的关键技术难题，如安全技术、高效充电技术、空调节能优化及动力驱动系统的升级等，这些正是广大用户最为关切的核心议题。唯有精准把握技术突破点，方能显著提升新能源汽车的实用性与市场竞争力，推动其更广泛地融入人们的日常生活。

（四）给予购车补贴

在新能源汽车的推广策略中，销售环节同样至关重要。这涵盖了购车体验、售后服务、维修保养等全方位服务链条的完善。相关部门需紧密协作，优化购车流程，确保售后服务周到细致，并通过发放优惠补贴等措施，激发公众对新能源汽车的购买热情。政府与汽车管理部门应携手制定系统的优惠补贴政策，构建起一条从购车到使用的全方位优惠链条，促进新能源汽车销售市场的繁荣发展。通过这一商业化的运作模式，有效提升新能源汽车的市场渗透率，吸引更多消费者选择环保出行方式。

综上所述，新能源汽车在交通运输领域的推广，需明确发展路径，坚守可持续发展原则，加大宣传力度与资金投入，鼓励技术创新研究，辅以实质性的购买激励措施。这一系列举措旨在推动新能源汽车产业稳健前行，不仅助力交通运输行业转型升级，更深刻履行了对环境保护的社会责任。

第四节 新能源汽车技术路线及关键技术

一、新能源汽车技术

新能源汽车的技术发展架构可精炼概括为"1＋2＋3"模式。其中，"1"象征着整车平台技术，它是新能源技术的集成展示平台，实现路径涵盖沿用传统汽车平台、对传统平台进行电气化改造及专门研发电动汽车专属平台三种方式。"2"则指充电技术与智能技术，前者是新能源汽车普及应用的坚实后盾，后者则预示着行业未来的发展趋势。"3"涵盖动力电池、驱动电机与电控技术这一核心"三电"体系，其中动力电池技术尤为关键，当前研究的焦点在于如何进一步提升其能量密度与循环寿命，以推动新能源汽车性能的全面跃升。

二、技术路线

顺应全球汽车动力系统向电动化转型的大潮，我国应依托自身优势，聚焦"纯电驱动"理念，推动汽车产业实施技术革新战略，加速"纯电驱动"电动汽车产品的市场化进程。此战略的核心在于强化自主创新，坚持独立发展道路，集中攻克电动汽车领域的核心技术瓶颈，确保技术自主可控。同时，秉持开放合作态度，高效整合国际资源，促进国内外技术交流与合作，共同提升我国汽车产业的基础共性技术水平，为"纯电驱动"技术转型战略提供坚实支撑。

（一）确立"纯电驱动"的技术转型战略

电动汽车依据其动力系统电气化程度的差异，可明确划分为两大类别：一类是在全部或多数运行工况下，主要依赖电动机提供驱动力的"纯电驱动"型电动汽车，这一类别涵盖了纯电动汽车、插电式混合动力汽车、增程式电动汽车以及燃料电池电动汽车，它们的共同特征是高电气化水平；另一类则属于常规混合动力汽车，其动力电池容量有限，多数情况下仍以内燃机作为主要的动力来源。从战略性新兴产业培育的视角审视，高度电气化的"纯电驱动"电动汽车无疑代表着我国新能源汽车技术发展的核心方向与战略重点。在此背景下，制定电动汽车技术发展战略时，应秉持节能与新能源汽车"过渡与转型"并进、协调共生的总体策略，确保技术路径既兼顾当前需求，又瞄准长远目标，推动行业持续健康发展。

（二）坚持"三纵三横"的研发布局

我国电动汽车研发在"三纵三横"创新战略的引领下，实现了技术上的重大飞跃，构建了独具特色的研发体系。具体而言，"三纵"架构明确了纯电驱动汽车的三大发展方向：纯电动汽车、增程式电动汽车及插电式混合动力汽车共同构成了纯电驱动技术的主线；燃料电池汽车则作为这一领域内的特殊且重要分支独立发展；同时，常规混合动力汽车作为补充，丰富了技术探索的维度。"三横"则聚焦于关键技术横向整合，涵盖"电池"（含动力电池与燃料电池）、"电动机"（涉及电动机系统及其与发动机、变速箱的高效集成技术）以及"电控"（包括电动转向、空调、制动等子系统及车网融合等先进电子控制技术），共同支撑起电动汽车技术的全面进步。

三、关键技术

（一）电池技术

围绕动力电池模块这一核心，我国致力于实现以能量型锂离子动力电池为主导的车用动力电池产业规模化飞跃，同时兼顾功率型动力电池与超级电容器的协同发展，全面提升动力电池在能量输出输入、安全性、一致性、耐久性及性价比等方面的综合表现。我们将强化动力电池系统集成与热－电综合管理技术，推动模块化技术革新，确保动力电池模块达到标准化、系列化、通用化水平，为纯电驱动电动汽车的商业化运营奠定坚实基础。此外，紧跟国际技术前沿，自主创新下一代新型车用动力电池技术，特别是新型锂离子动力电池的设计、性能预测、安全评估及安全性新技术，同时探索金属空气电池、多电子反应电池及自由基聚合物电池等新体系动力电池，构建动力电池技术创新研发体系，明确我国下一代车用动力电池的技术发展路径。

在燃料电池领域，我们聚焦关键技术与系统集成的突破，加速工程实用化进程，为燃料电池汽车的研发与产业化铺设技术基石。具体行动包括建立小批量生产线，优化燃料电池性能，降低成本，严格考核电堆与系统的寿命，优化系统控制策略与关键部件性能，提升燃料电池系统的可靠性与耐久性，为示范运行提供高性能车用燃料电池系统。同时，加强燃料电池基础材料与系统集成的科技创新，研发高性能、长寿命、低成本的关键材料与部件，增强系统在高电流密度下的运行稳定性与功率密度，提升环境适应性，为下一代燃料电池汽车的研发奠定坚实的技术支撑。

（二）电动机技术

针对混合动力汽车的大规模产业化需求，核心在于研发混合动力发动机/电动机总成及机电耦合传动系统，通过集成优化发动机与起停发电一体机、电动机与变速箱，打造系列化产品，增强市场竞争力，为混合动力汽车的广泛应用奠定坚实技术基础。

同时，聚焦于纯电动汽车大规模商业化示范，开发系列化纯电动汽车驱动电机及其传动系统，并配套研制发动机发电动机组，以技术支撑纯电动汽车的商业化进程。展望未来，面向下一代纯电驱动系统，研究将聚焦于创新材料、新型结构、自传感电机、IGBT 芯片的高密度封装与驱动系统集成，以及革命性传动结构，旨在开发出高效能、资源节约型、高密度且能适应极端环境条件的电力电子、电机与传动技术，探索并实践下一代电动汽车电机驱动与传动系统的解决方案，确保电动汽车行业的可持续发展。

（三）电控技术

针对混合动力汽车领域，我们聚焦于混合动力专用发动机的高级控制算法研发，以及混合动力系统的高效实时控制网络协议设计，同时深入探索多部件间的转矩精准耦合与动态协调控制策略，旨在打造高性能混合动力系统（整车）控制器，以满足混合动力汽车大规模产业化对核心技术的迫切需求。

在纯电驱动汽车方面，我们致力于开发先进的分布式、高容错且强实时的控制系统架构，涵盖高效电动化总成控制（如电动空调、电动转向及制动能量回馈系统），以及智能化车载信息管理与远程监控技术，确保纯电动汽车在大规模示范应用中展现出卓越性能。

此外，为引领下一代纯电驱动汽车的技术革新，我们正集中力量研发基于新型电动机集成驱动的一体化底盘动力学控制系统，并配套开发高性能整车控制器及其专用芯片。同时，我们积极探索电动汽车智能交通系统与车网融合技术，包括汽车与电网、汽车与家庭、汽车与汽车等网络通信技术，旨在为纯电驱动汽车的未来发展提供全方位的技术支撑与解决方案。

（四）混合动力汽车技术

为应对常规混合动力汽车大规模产业化的迫切需求，我们致力于系统化开发混合动力总成，聚焦于协调控制、能量管理等核心技术的突破，并将节能环保发动机技术与电动化技术深度融合，力求在提升产品性价比上取得关键性进展，以构建市场竞争优势。同时，构建完善的混合动力汽车零部件供应链体系，开发适配的批量化生产装备、工艺、质量管理及维修检测设备，打造专用的装配、检测、检验生产线，为产业化提供全方位支撑。

在中度混合动力领域，我们集中攻克关键技术，深化发动机控制策略，优化动力源切换与动态协调控制，强化能源管理效率，并掌握整车故障诊断技术，全方位提升车辆的可靠性、耐久性与经济性，推出高性价比、市场竞争力强的混合动力汽车系列，加速其产业化进程。

转向深度混合动力，我们进一步探索系统构型创新，精进能量管理与协调控制技术，开发新型高效混合动力系统，旨在推出既能满足高性能需求，又具备成本效益的深度混合动力轿车及商用车产品，推动该领域的大规模批量生产。

（五）纯电动汽车（含插电式/增程式电动汽车）技术

我们将小型纯电动汽车的关键技术研发视为纯电动汽车产业化的关键突破口，聚焦于开发系列化纯电动小型轿车（含增程式），旨在通过大规模商业化示范推动其普及。同时，针对公共服务领域，我们将积极研发并推广纯电动商用车，探索其在大规模商业应用中的潜力。此外，插电式混合动力汽车亦是我们研发的重点之一，致力于开发出系列化的插电式混合动力轿车及商用车，以满足不同市场需求。

在小型纯电动汽车领域，我们将围绕大规模商业化示范的核心需求，打造一系列特色鲜明的纯电驱动车型，并配套开发高效的能源供给系统，同时探索创新的商业化运营模式。技术层面，我们将重点攻克电气系统集成、动力系统优化匹配及整车热－电综合管理等技术难关，以推出舒适、安全且性价比优越的小型纯电动轿车产品系列。

对于纯电动商用车，我们将深入研究整车噪声、振动与声振粗糙度，以及轻量化设计、热管理系统优化、故障诊断、容错控制、电磁兼容及电安全等关键技术，全面提升车辆性能与安全性。

在插电式混合动力汽车领域，我们将掌握插电式混合动力系统构型及其专用发动机系统的核心技术，突破高效机电耦合、轻量化设计、热管理优化、故障诊断、容错控制、电磁兼容及电安全等关键技术瓶颈，旨在开发出既经济高效又满足大规模商业化示范需求的高品质插电式混合动力轿车与商用车系列产品。

（六）以燃料电池汽车为代表的下一代纯电驱动汽车

我们致力于集成下一代高性能电动机与电池系统，攻克关键技术瓶颈，构建下一代高性能纯电动轿车动力系统技术平台，实现纯电驱动技术的飞跃，开发出技术水平达国际先进的高性能轿车及大型纯电动客车产品。同时，针对高端前沿技术探索，我们聚焦于高功率密度、长寿命、高可靠性的燃料电池发动机技术，力求在新型氢－电－结构耦合安全性及全电气化底盘驱动系统平台技术上取得突破，推出具有国际竞争力的燃料电池轿车与客车，并通过示范考核验证其性能。此外，我们还将自主掌握车载供氢系统核心技术，推动关键部件的国产化进程，并进一步研发下一代燃料电池汽车动力系统平台，打造未来燃料电池轿车与客车产品，实施运行考核，以持续引领燃料电池汽车技术的创新发展。

四、新能源汽车维修检测

在进行新能源汽车维修检测时，需先了解并熟悉电气工作环境所属的 CAT 安全等级和耐压等级，并选择与其 CAT 等级和耐压等级对应的手持仪表。

（一）CAT 等级概念

CAT 等级作为安全及耐高压等级标准，是对电气工具在特定电气环境中安全性能的直接承诺。此标准严格界定了电工工作区域为CAT Ⅰ至CAT Ⅳ四个等级，并规定了各等级下允许使用的电气设备及测量工具所应遵循的安全规范。对于手持式仪表如万用表、钳型表及过程校准仪表而言，其标注的CAT等级指明了其适用的最高安全区域界限，而紧随其后的电压数值则限定了该工具能承受的最大安全电压冲击。

以CAT Ⅲ 600V万用表为例，它表明该表在CAT Ⅰ、CAT Ⅱ及CAT Ⅲ环境中均能安全作业，即便面临高达600V的电压冲击，也能确保不对操作者构成安全威胁。然而，若将该表置于CAT Ⅳ区域或遭受超过600V的电压，则无法保证同等的安全性。CAT等级的向下兼容性意味着高等级工具（如CAT Ⅳ）在低等级环境中使用完全安全，反之则不然，低等级工具（如CAT Ⅰ）在高等级环境中使用可能引发爆炸、燃烧等危险。

这些仪表在设计与生产时，其电子组件、机械结构、保护电路及耐压设计均严格遵循CAT等级要求，并通过了无数次安全测试验证，确保在标称CAT等级下使用的绝对安全性，以及承受指定高压冲击而不损害操作者安全的能力。

（二）新能源汽车维修工具及检测设备

除了传统的维修工具和检测设备外，新能源汽车因为存在高压电路，有专用的维修工具及检测设备。新能源汽车维修工具及检测设备如表1-2所示。

表1-2　新能源汽车维修工具及检测设备

类型	工具设备名称	规格要求	单位
拆装工具	绝缘工具套装	高压电维修绝缘工具，耐压1000V	套
检测仪表	数字式万用表	符合CAT Ⅲ要求	个
	数字式电流钳	符合CAT Ⅲ要求	台
	绝缘电阻测试仪	符合CAT Ⅲ要求	台
检测仪表	绝缘台	耐压≥10kV	台
	绝缘手套	耐压≥10kV	副
	绝缘靴	耐压≥10kV	双
	护目面罩（护目镜）	耐压≥10kV	副
诊断仪器	专用车型诊断仪	对应车型	套

新能源汽车维修中使用的检测仪表有数字式万用表、绝缘电阻测试仪（如手摇绝缘电阻表、高压绝缘测试仪）等。

（1）数字式万用表

数字式万用表作为精密测量工具，需遵循CAT Ⅲ安全级别标准，以确保在多种复杂环境下的使用安全。它集多功能于一体，常规检测能力包括准确测量交流与直流电压、电流值，电阻阻值，以及频率。此外，还能进行温度测量、二极管检测、连通性判断、电容值测定，并具备低压下的绝缘测试功能。针对汽车检修领域，特定型号的数字万用表还额外配备了转速测量、百分比读取、脉冲宽度分析等功能，甚至整合了蜂鸣器辅助的故障码读取等高级特性，以全面满足专业维修需求。

（2）绝缘电阻测试仪

电动汽车在运行中，其复杂动态环境易导致部件间相互作用，如碰撞、摩擦与挤压，进而影响高压电路与底盘间的绝缘效能。一旦绝缘受损，电源正负极可能穿透绝缘层与底盘形成漏电流路径。尤为严重的是，多点绝缘劣化将加剧漏电回路的热量累积，潜藏电气火灾风险。因此，对高压电气系统与底盘间绝缘性能的实时监控成为电动汽车电气安全技术的关键。此过程依赖于专用绝缘测试设备，旨在验证高压电缆及组件对车身的绝缘电阻是否符合安全标准。

绝缘电阻测试仪是执行此类检测的核心工具，尽管市场上存在多种绝缘检测手段，如数字万用表、绝缘电阻表、绝缘测试多用表及耐压测试仪等，它们虽名称各异，但均归属绝缘电阻测试仪范畴，且部分具备多功能测量能力。其中，手摇绝缘电阻表尤为常见，专用于测量高阻值及绝缘电阻，以兆欧为单位。

选用绝缘电阻表时，需确保测试仪器电压等级高于待测对象，以匹配不同额定电压需求。例如，对于 500V 以下设备，推荐 500 ~ 1000V 表；500V 以上则选 1000 ~ 2500V 表；而绝缘子检测则需更高，达 2500 ~ 5000V。针对低压电气设备，通常选用 0 ~ 200MΩ 量程的表。操作时，无论电压等级，均需在指针非零位状态下，以稳定转速（约 120r/min）摇动，直至指针稳定于表盘特定位置，从而准确读取绝缘电阻值。

（3）数字式电流钳

在新能源汽车的维修与诊断流程中，测量导线中的电流是常见需求，特别是针对逆变器与电动机之间的大电流交变导线，直接测量几乎不可行，因此钳形电流表成为不可或缺的间接测量工具。以 FLUKE 317 为代表的先进钳形电流表，其核心构成包括精密电流表和穿心式电流互感器，后者以其独特的钳形活动开口设计，允许在不切断电路的情况下，直接对电路中的交流电流进行便捷测量。

FLUKE 317 钳形电流表凭借其卓越性能，在新能源汽车领域展现出显著优势：它提供了 40A 小量程的高精度电流测试能力，达到 0.01A 的高分辨率及 1.6% 的精确度，满足了高精度测量的需求；其钳头设计纤薄，整体轻便，便于在紧凑空间内灵活操作；配备的大型背光显示屏，确保了即便在昏暗环境下也能清晰读数；特有的启动电流测量功能，使得电动机、照明设备等启动电流的监测变得简单直接；此外，它还支持电流频率测量，以及交流/直流电流、电压测量和电阻测量，展现了全面的电气参数检测能力，精度更是超越常规，特别是在 0.01A 和 0.1V 的细微测量上表现卓越，极大地提升了新能源汽车维修与诊断的效率和准确性。

第二章

汽车动力电池基础

第一节　动力电池基础知识

一、动力电池的概念及结构

动力电池，作为驱动各类电动工具的核心能量源，广泛应用于电动汽车、电动列车、电动自行车及高尔夫球车等交通工具中，为它们提供持续的动力支持。这类电池显著区别于专为汽车发动机启动设计的启动电池，其在技术构造与材料选择上更为先进与多样。

（一）动力电池的结构

①电池盖。
②正极：活性物质为氧化锂钴。
③隔膜：一种特殊的复合膜。
④负极：活性物质为碳。
⑤有机电解液。
⑥电池壳。

（二）动力电池的特点

①高能量和高功率。
②高能量密度。
③工作温度范围宽（-30～65℃）。
④使用寿命长，要求5～10年。
⑤安全可靠。

二、动力电池的分类

按照能量的来源，电动汽车使用的动力电池分为3类：化学电池、物理电池和生物电池。

（一）化学电池

化学电池，基于化学反应释放电能的原理设计而成，其分类方式多样，涵盖了工作性质、正负极材料、电池特性及电解质等多个维度。按工作性质分，有不可重复充电的一次电池（如锌锰干电池），可循环使用的二次电池（满足汽车动力电池的核心需求），以及燃料持续供给的燃料电池（如氢燃料电池）。依据正负极材料的不同，化学电池又可分为锌锰系列、镍镉/镍氢系列、铅酸系列及锂离子电池系列等。从电池特性出发，则可分为高容量、密封、高功率、免维护、防爆等多种类型。最后，按电解质划分，化学电池包括酸性、碱性、中性、有机电解质、非水无机电解质及固体电解质电池等，展现了其在电解质选择上的广泛性与多样性。

（二）物理电池

物理电池的工作原理基于一系列物理现象，如光能、热能及物理吸附等物理能量的转换，以实现电能的产生与储存。这一领域涵盖了多种技术形态，其中包括广为人知的太阳能电池，它们通过光电效应将太阳辐射能直接转化为电能；超级电容器，则利用电极表面与电解质之间的界面双电层或氧化还原反应来储存与释放电能，具有快速充放电的特性；飞轮电池通过高速旋转的飞轮储存机械能，并在需要时通过发电机将其转换为电能输出。这些物理电池技术各自展现了物理能量转换的独特魅力与实际应用价值。

（三）生物电池

生物电池作为一种创新能源解决方案，依托生物化学反应直接产电，涵盖微生物电池、酶电池及生物太阳能电池等多种形态。在车用动力领域，传统技术如铅酸蓄电池、镍镉电池、镍氢电池以及锂离子电池已广泛应用于市场，为电动汽车提供稳定动力。此外，物理电池领域的超级电容器也展现出在电动汽车中的潜力。展望未来，生物燃料电池尤其是以氢为燃料的燃料电池与氧化物燃料电池，其研发正步入关键阶段，预示着车用动力来源的又一次革新，展现了极为广阔的应用前景。

三、典型动力电池

（一）铅酸蓄电池

铅酸蓄电池，其核心构造围绕铅及其氧化物作为电极材料，辅以硫酸作为电解液，自诞生以来便凭借成本低廉、原料易得、运行可靠、大电流放电能力强以及适应广泛温度环境等优势，在化学电源领域稳占鳌头。根据维护需求的不同，铅酸蓄电池可分为排气式与免维护两大类。排气式蓄电池，其电极构造基于铅与铅氧化物的组合，电解液采用硫酸水溶液，优势在于电压稳定且经济实惠，但受限于较低的能量密度、较短的循环寿命及频繁的维护需求，如定期检查电解液密度与液面，必要时需补充蒸馏水。

随着技术的不断进步，铅酸蓄电池进化出了免维护版本，这一创新显著提升了用户体验。免维护铅酸蓄电池在设计上实现了自我维持的氧循环机制，即正极产生的氧气能够在负极被有效吸收再利用，从而避免了水分的流失，省去了传统铅酸蓄电池所需的定期加液步骤。这一变革不仅简化了维护流程，还拓宽了免维护铅酸蓄电池的应用场景，使其在现代社会的多个领域得到了更加广泛的应用。

（二）镍镉蓄电池

镍镉蓄电池，作为一种典型的碱性蓄电池，其核心构造在于其正极采用氢氧化镍与石墨粉的混合物作为活性物质，而负极则选用海绵网筛状的镉粉与氧化镉粉组合。电解液方面，根据环境温度的不同灵活调整，通常选用氢氧化钠或氢氧化钾溶液，具体密度依据温度条件设定，以确保最佳性能。在高温环境下，倾向于使用密度较低的氢氧化钠溶液；反之，在低温乃至极寒条件下，则选用密度较高的氢氧化钾溶液，以增强电池的耐寒性与荷电保持能力。对于密封型镍镉蓄电池，为了平衡低温下的工作效能与电量保持，特别采用密度为1.40的氢氧化钾溶液作为电解液。

在充放电循环中，镍镉蓄电池展现出独特的化学变化：充电时，正极活性物质转化为氢氧化镍，负极则还原为金属镉；放电过程中，这一转化逆向进行，正极活性物质变回氢氧化亚镍，负极则生成氢氧化镉。这一系列可逆反应构成了镍镉蓄电池能量存储与释放的基础，也赋予了其轻便、抗震、寿命长的显著优点。

（三）镍氢蓄电池

镍氢蓄电池，作为20世纪90年代科技革新的产物，是一种构造精巧的新型电池系统，其核心组件包括正极、负极、极板结构、高性能隔膜以及特定的电解液。具体而言，其正极采用 $Ni(OH)_2$ 作为活性物质，这一材料在业界亦被称为 NiO 电极，以其高效的电化学性能著称；负极则巧妙地运用了镍基储氢合金作为主要构成材料，实现了能量的高密度储存；而电解液则精选了 6mol/L 的氢氧化钾溶液，以优化电池内部的离子传导效率；此外，隔膜作为关键组件之一，不仅须具备优异的保液能力，以维持电解液的稳定分布，还需拥有卓越的透气性，确保电池反应过程中的气体交换顺畅无阻。这些组件的精密配合，共同构成了镍氢蓄电池高效、稳定的工作体系。

（四）铁镍蓄电池

铁镍蓄电池的电解液是氢氧化钾溶液，是一种碱性蓄电池。其正极为氧化镍，负极为铁。其优点是轻便、寿命长、易保养，缺点是效率不高。

（五）锂离子电池

锂离子电池，作为21世纪诞生的高性能充电电池，其独特之处在于其二次电池属性，即支持反复充放电使用。其核心构造中，负极常采用石墨等碳基材料，而正极则广泛选用磷酸铁锂、钴酸锂、钛酸锂等化合物，这些材料的选择直接影响了电池的性能表现。锂离子电池的工作原理遵循"摇椅式"模型，通过锂离子在正负极之间的往返嵌入与脱嵌实现电能的储存与释放。在动力电池应用领域，锰酸锂与磷酸铁锂作为正极材料的佼佼者，相较于钴酸锂，不仅展现出显著的成本优势，更在热稳定性与安全性方面表现卓越，被视为极具发展潜力的正极材料。

（六）空气电池

空气电池，作为化学电池家族的一员，其独特之处在于利用空气中的氧气作为氧化剂，从而减轻了携带额外氧化剂的负担。这一类别下，锌空气电池、铝空气电池与锂空气电池各有优点。锌空气电池，以活性炭捕获空气中的氧或纯氧作为正极，锌板为负极，配以氯化铵或碱性溶液作为电解质，构成了一个可循环但充电缓慢的系统，常通过更换锌板与电解质来实现"重生"。

铝空气电池，则以环保、高效、稳定著称，其设计灵活多变，适用于从陆地到深海的广泛环境，既能为电动汽车提供强劲动力，也能作为长寿命、高能量密度的信号源，展现了强大的功能性与广泛的应用潜力。其工作原理与锌空气电池相似，利用高纯度铝与空气中的氧在碱性电解液中反应，生成氧化铝，释放能量。

而锂空气电池，作为锂离子电池的进阶版，锂空气电池在理论上实现了正极容量密度的无限可能，同时若以金属锂为负极，其理论容量更是传统锂离子电池的十倍之多。科学家预测，其性能卓越，能量密度堪比汽油，且得益于从空气中直接获取氧气进行充电的特性，锂空气电池有望实现体积与重量的双重缩减，为电动汽车的长足发展铺设了坚实的道路。

（七）飞轮电池

飞轮电池，这一20世纪90年代崭露头角的新型储能装置，彻底颠覆了传统化学电池的储能模式，以物理方式高效蓄积能量。其核心理念在于利用飞轮旋转时所蕴含的动能作为能量储备，并通过巧妙的电机设计实现动能与电能之间的无缝转换。充电过程中，电机扮演电动机角色，借助外部电力驱动飞轮疾速旋转，累积动能；放电时，电机则转化为发电机，飞轮释放的动能转化为电能供给外部使用，这一转换过程迅速且高效。

飞轮电池的运行环境极为特殊，其飞轮在近乎真空的条件下以惊人的转速（高达 $2 \times 10^5 \text{r/min}$）旋转，采用非接触式磁轴承支撑，确保了系统的稳定性和耐久性。该电池技术展现出卓越的性能指标，比能量高达150瓦时每千克，比功率范围在 5000 ~ 10000 瓦每千克，预计使用寿命长达25年，足以支持电动汽车行驶500万千米，展现了其作为未来能源解决方案的巨大潜力。

飞轮电池以其清洁环保、高效能、快速充放电且不产生污染的特性，在汽车行业备受瞩目。它能在车辆正常行驶及刹车制动时蓄积能量，并在加速或爬坡等关键时刻释放能量，助力车辆平稳运行，不仅有助于节能减排、降低空气与噪声污染，还能减少发动机维护成本，延长发动机使用寿命，是推动汽车行业绿色转型的重要力量。

（八）燃料电池

燃料电池作为一种高效的能量转换装置，直接将燃料与氧化剂中的化学能转化为电能，无须经过燃烧过程，其外观虽类似蓄电池，但实质上是一个即时的"电能生产厂"，不具备储能功能。相较于传统化学电池，燃料电池的核心优势在于其可再生性，特别是氢燃料电池，通过不断补充氢气作为燃料，实现了持续供电。这一过程中，氢气在燃料电池的阳极被催化剂分解，释放出的电子流经外电路产生电流，同时氢离子穿越质子交换膜与阴极的氧结合生成水，整个反应循环中仅消耗氢和氧，产物仅为清洁的水，从而实现了零排放，无一氧化碳、二氧化碳、硫化物及微粒物的产生，彰显了其环保清洁的特性。

氢燃料电池车辆的工作原理是将燃料电池产生的电能，经逆变器、控制器等电力电子设备供给电动机，进而驱动车辆行驶。这一能量转换过程效率极高，可达到60%～80%，远超传统内燃机的2～3倍，不仅提升了能源利用效率，还显著降低了环境污染，是未来清洁交通领域的重要发展方向。

四、动力电池的性能指标

（一）电压

电压分为端电压、开路电压、额定电压、充电终止电压和放电终止电压等。

1. 端电压

端电压是指电池正极与负极之间的电位差。

2. 开路电压

电池在开路条件下的端电压称为开路电压，即电池在没有负载情况下的端电压。开路电压取决于电池正负极材料的活性、电解质和温度条件等，而与电池的几何结构和尺寸大小无关。

3. 额定电压

额定电压是电池在标准规定条件下工作时应达到的电压。常用电池单体额定电压见表2-1。

表2-1 常用电池单体额定电压

电池类型	电池单体额定电压/V
铅酸电池	2
镍镉电池	1.2
镍锌电池	1.6
镍氢电池	1.2

续表

电池类型	电池单体额定电压/V
锌空气电池	1.2
铝空气电池	1.4
钠－氯化镍电池	2.5
钠－硫电池	2.0
锰酸锂电池	3.7
磷酸铁锂电池	3.2

4. 充电终止电压

当蓄电池达到完全充电状态时，其极板上的活性物质已达到饱和，此时即便继续施加充电电流，电池的电压也不会再有显著提升，这一电压水平被定义为充电终止电压。不同类型的蓄电池，其充电终止电压有所不同：对于铅酸蓄电池而言，该值通常位于 2.7~2.8V；金属氢化物镍蓄电池的充电终止电压则相对较低，约为 1.5V；而锂离子蓄电池，作为高能量密度的代表，其充电终止电压设定在较高的 4.25V，以确保电池的安全与最佳性能。

5. 放电终止电压

放电终止电压设定为电池在放电过程中允许达到的最低电压阈值，一旦电压降至该值以下而继续放电，将导致电池进入深度放电状态，此时电池两端的电压会急剧跌落。这种深度放电会在电池极板上形成难以在常规充电过程中恢复的物质，进而对电池的使用寿命造成不利影响。值得注意的是，放电终止电压并非固定不变，它受到放电率，即放电电流大小的影响。具体而言，在既定的放电终止电压条件下，若放电电流增大，则电池的可用容量会相应减小。不同类型的电池，其放电终止电压也有所差异。

（二）容量

1. 电池容量的分类

电池容量的定义依据不同条件可细分为理论容量、实际容量、标称容量与额定容量。理论容量是基于法拉第定律，将活性物质质量完全转化为电能所能达到的最大理论值，即假设所有活性物质均参与电化学反应所能释放的电量。实际容量则反映了电池在真实工作条件下的性能，是放电电流与放电时间乘积的结果，单位为安时，受多种因素影响，其值总是小于理论容量。标称容量作为电池容量的近似标识，便于用户快速识别。而额定容量，亦称保证容量，是根据国家或行业标准，在特定放电条件下（涉及温度、放电速率、终止电压等参数）电池必须达到的最低电量标准，体现了电池性能的基本保障。由于电池内部电阻的存在及活性物质利用率不高，无论是实际容量还是额定容量，均无法完全达到理论容量的水平。

2. 电池容量的影响因素

电池的实际容量直接受制于其内部活性物质的数量及其利用效率。活性物质质量越大且利用率越高，则电池容量相应增大。然而，电池容量的表现并非孤立因素所能决定，它还受到多方面条件的综合影响，包括放电率、温度、终止电压以及极板几何尺寸等。

首先，放电率对电池容量有显著影响，具体表现为随着放电倍率的提升，铅蓄电池的实际容量会有所下降。这意味着，在相同容量的电池下，放电电流增大将导致可释放的电能减少。

其次，温度条件同样重要，尤其是低温环境会显著降低铅酸蓄电池的容量。温度的下降会导致电解液黏度增加，离子扩散受阻，电化学反应速率减缓，进而影响活性物质的转化效率，最终减少电池的可用容量。

再次，设定合理的放电终止电压对于保护电池免受深度放电损害、延长使用寿命至关重要。放电至过低的电压值不仅获取的能量极少，还会对电池内部结构造成不可逆的损害。

最后，极板的几何尺寸设计也是影响电池容量的关键因素之一。在活性物质总量恒定的前提下，增大极板与电解液的接触面积能有效提升活性物质的利用率，进而增加电池容量。然而，极板厚度的增加反而会减小有效接触面积，降低活性物质利用率，导致容量下降。此外，极板上下部活性物质利用率的差异也需在设计时予以考虑，通过优化极板布局和结构，如采用薄极板增加片数，可以有效提升电池的整体容量。

（三）内阻

内阻，作为电流穿越电池内部时所遭遇的阻碍力量，直接导致电池工作电压的降低，是衡量电池性能的关键参数之一。其特性在于非恒定性，受活性物质构成、电解液浓度波动、环境温度变化及放电时长等多重因素影响而动态变化。内阻由欧姆内阻与极化内阻两部分构成，共同形成电池的全内阻。欧姆内阻，遵循欧姆定律，源自电极材料、电解液、隔膜及其接触界面的固有电阻；而极化内阻则源于电化学反应过程中的极化现象，包括欧姆极化（克服内阻所需额外电压导致的热量累积）、浓度极化（反应物与生成物扩散速率不匹配引发的浓度梯度）及电化学极化（电化学反应速率滞后于电子传输速率），这些极化现象受活性物质性质、电极结构、制造工艺及温度条件的综合影响。

充电电池的内阻虽小，却需精密仪器方能准确测定，通常讨论的内阻特指充电态内阻，即电池满电状态下的内阻值，与之对比的是放电态内阻，后者在电池深度放电后测得，往往较大且稳定性较差。内阻增大意味着电池内部能量损耗加剧，降低了电池使用效率，并在充电过程中引发显著发热，对电池与充电器均构成不利影响。随着电池循环次数的增加，电解液消耗及内部化学物质活性衰减，内阻将不可避免地逐渐上升。

（四）能量

动力电池的能量是衡量其性能的关键指标，它直接关联到电动汽车的行驶距离，单位常以 W·h 或 kW·h 表示。这一能量概念涵盖了多个维度，包括总能量、理论能量、实际能量、比能量、能量密度、充电能量及放电能量等。总能量指的是电池在整个生命周期内所能输出的电能总和；理论能量则基于电池的理论容量与额定电压计算得出，代表理想条件下的能量输出；而实际能量则更为贴近实际使用情况，是电池实际容量与平均工作电压的乘积。

比能量，作为评价电池质量的重要参数，分为理论比能量与实际比能量，前者理想化地计算了单位质量电池反应物质完全放电时的能量输出，后者则考虑了实际因素下的能量输出，两者间的差距反映了电池技术的实际达成度。比能量直接影响电动汽车的整体重量与续航里程，是评估动力电池是否满足预定行驶需求的关键指标。

能量密度，或称体积比能量，进一步从空间利用角度衡量了电池单位体积内的电能输出能力，对于提升电池组的空间效率至关重要。此外，充电能量与放电能量分别指代了电池在充电与放电过程中涉及的电能交换量，前者是外部输入电池的能量，后者则是电池向外部释放的能量，两者共同构成了动力电池能量循环的核心环节。

（五）功率

电池的功率是衡量其在特定放电条件下，单位时间内释放能量能力的重要指标，单位常以瓦特或千瓦表示。这一性能指标直接关联着电动汽车的加速迅猛度与爬坡能力，是评估电动汽车动态性能的关键参数之一。进一步细分，功率可分为比功率与功率密度两个维度来考量。比功率，或称质量比功率，聚焦于单位质量电池所能提供的功率输出，直观反映了电池的能量转换效率与质量轻量化水平，其单位采用瓦特每千克或千瓦每千克表示。而功率密度，亦称体积比功率，则侧重于单位体积电池内的功率输出能力，是衡量电池空间利用效率的重要指标，单位同样为瓦特每升或千瓦每升。

（六）输出效率

动力电池作为核心的能量储存装置，在充电周期中将输入的电能高效地转化为化学能加以储存，而在放电过程中，则将这些化学能重新转化为电能以供使用。这一电化学转换过程虽具可逆性，但不可避免地伴随着一定的能量损失。为了量化这种损失，业界引入了容量效率和能量效率两个关键指标。容量效率特指电池在放电阶段实际输出的容量与充电时输入的容量之间的比值，它直接反映了电池在充放电循环中容量的保持能力。而能量效率，则是衡量电池放电时实际释放的能量与充电过程中消耗的能量之比，更全面地揭示了电池在能量转换过程中的总体效能表现。

（七）自放电率

自放电率是指电池在存放期间容量的下降率，即电池无负荷时自身放电使容量损失的速度。自放电率用单位时间容量降低的百分数表示。

（八）放电倍率

电池的放电性能常以"放电倍率"这一关键参数来量化，它反映了电池在特定条件下的放电速率。放电倍率有两种表示方式：一是基于放电时间的倒数概念，即完成额定容量放电所需的小时数越少，表示放电倍率越高，相应放电电流也越大；二是直接通过额定容量与放电电流的比值来定义。依据放电倍率的不同，可以将放电过程划分为几个等级：低倍率放电，适用于温和、持久的能量输出场景；中倍率放电，平衡了放电速度与电池稳定性；高倍率放电，适用于需要快速释放能量的应用；以及超高倍率放电，这要求电池具备极高的瞬时功率输出能力，满足极端使用条件下的性能需求。

（九）使用寿命

使用寿命是评估电池性能的关键指标之一，它指的是电池在预设条件下能够维持有效工作的时间段，涵盖使用期限与使用周期两方面。使用期限特指电池从生产到无法再被使用的总时长，这其中包括了电池的存储时间。而使用周期则侧重于电池可承受的重复充放电次数，体现了电池的耐用性。

循环寿命作为衡量蓄电池经济与技术性能的重要参数，其定义为电池在特定放电条件下，容量降至预设阈值前所能完成的充放电循环次数。不同类型的蓄电池循环寿命差异显著，如锌银蓄电池的循环寿命相对较短，通常介于 30 至 100 次之间；铅酸蓄电池则能达到 300～500 次；而锂离子电池则展现出更长的使用寿命，充放电次数可超过 1000 次。

电池失效的原因复杂多样，主要包括电极活性表面积随充放电过程逐渐缩减，导致工作电流密度增加及极化效应加剧；电极活性物质的脱落或迁移；电极材料的腐蚀现象；循环过程中电极表面枝晶的形成，可能引发电池内部微短路；隔膜的老化及损坏；以及活性物质在充放电循环中发生的不可逆晶形变化，进而导致活性降低等。这些因素共同作用，最终影响了电池的使用寿命与性能表现。

五、动力电池的特点

（一）不一致性

不一致性是动力电池组常见的性能表现，它主要体现在由相同规格型号的单体电池组成电池组后，各单体在电压、荷电量、容量、衰退率、内阻及其变化率、使用寿命、温度敏感性、自放电率等关键参数上存在的差异性。根据不一致性对电池组性能的具体影响机制及成因，可将其细分为容量不一致性、内阻不一致性和电压不一致性三类。容量不一致性虽可通过出厂前的严格筛选及后续的单体电池充放电调整来减轻，但长期使用中仍受起始容量差异及放电电流不均影响而显现。内阻不一致性则直接导致放电过程中各单体热损失能量各异，进而影响整体能量状态。至于电压不一致性，主要源于并联电池组内的互充电现象，低电压单体被高电压单体充电，此过程不仅轻微提升低压单体容量，却大幅削减高压单体容量，造成能量在内部循环中无谓消耗，降低了电池组的整体输出效率。

（二）比能量高

为了延长电动汽车的续航能力，满足用户对长距离行驶的需求，设计时需要确保动力电池能够高效储存尽可能多的能量。然而，电动汽车的整车重量及车内空间资源均受到严格限制，这促使我们对电池的性能提出了更高要求——追求更高的比能量。比能量作为衡量电池单位质量内电能储存能力的关键指标，其提升对于在有限的车载空间内实现更大能量储存、同时保持车辆整体轻量化至关重要，从而有效解决续驶里程与车辆重量及空间限制之间的矛盾。

（三）比功率大

为了确保电动汽车在加速性能、爬坡能力及负载承载能力上能与燃油汽车相媲美，电池的比功率指标必须达到较高水平，这是电动汽车动力性能竞争力的关键所在。

（四）充放电效率高

电池中的能量循环严格遵循充电—放电—再充电的周期性过程，其中，实现高效的充放电效率对于维持并提升整车的整体运行效率而言，具有不可估量的关键作用。这一过程不仅确保了能量的有效存储与释放，还直接关联到电动汽车的续航性能与能源利用效率。

（五）相对稳定性好

电池应具备在快速充放电及充放电过程工况频繁变化的条件下，仍能保持性能稳定的能力，以确保在动力系统的实际应用中，能够经受足够的充放电循环次数，满足长期可靠运行的需求。

（六）使用成本低

电动汽车的动力核心在于动力电池，若动力电池定价高昂、操作烦琐且维护难度大，将直接导致电动汽车用户面临高昂的电池更换费用，从而显著降低其使用经济性。因此，在推动电动汽车普及的过程中，不仅要致力于降低电池的初始购置成本，减轻消费者的经济负担，更要通过技术创新提升电池的使用寿命，有效延长电池更换周期，以实现电动汽车全生命周期成本的优化，提升其市场竞争力与消费者接受度。

（七）安全性

电池的安全性是保障电动汽车运行无忧的核心要素，它要求电池在任何情况下均不应引发自燃或燃烧，且在遭遇碰撞等意外事件时，必须确保不对车内乘员构成威胁。动力电池安全性的构建涵盖本质安全、主动安全与被动安全三大维度。在本质安全层面，关键在于设计与制造阶段的严格把控，明确界定安全操作边界，从根本上预防安全隐患。主动安全则侧重于电池系统的智能化升级，通过集成人工智能、大数据分析、云平台等先进技术，实现电池管理的精细化、预警系统的灵敏化、充电控制的智能化以及寿命预测与评估的精准化，全方位提升电池的安全运维水平。至于被动安全，当前业界普遍采取的措施包括增设隔热层以阻隔热量扩散，无论是模块级、包级乃至整车级，均力求将热失控风险降至最低。

六、动力电池性能测试

动力电池是电动汽车的关键部件之一，其性能表现直接影响汽车的续航能力和安全性能。

（一）动力电池充放电性能测试

1. 动力电池充电性能测试

动力电池的充电性能是衡量其性能优劣的重要指标之一，涵盖充电效率、充电最高电压及耐过充能力等多个方面。充电效率具体指电池充电过程中实际充入的电能与所消耗总电能的比例，以百分比形式表示，受充电电流强度、充电策略及环境温度等多重因素影响。一般而言，充电初期效率接近100%，但随着充电深入，电极极化现象加剧，效率逐渐降低，并伴有气体析出。充电最高电压则反映了电池在充电周期中能达到的电压峰值，较低的充电电压往往意味着充电过程中极化作用减弱，有助于提升充电效率并可能延长电池寿命。此外，良好的耐过充能力是动力电池不可或缺的特性，确保即使在极端充电条件下，电池仍能维持优异的使用性能，保障安全稳定运行。

2. 动力电池放电性能测试

电池的放电性能是一个多维度的概念，它受到放电时长、电流强度、环境温度以及终止电压等多重因素的影响。为了全面评估这一性能，业界采用了多种放电方法，其中恒流放电以其稳定性和可重复性成为最为普遍采用的手段。放电电流作为关键因素，其大小直接决定了电池的放电表现，因此在描述电池放电性能时，明确标注放电电流值至关重要。

工作电压，作为衡量电池放电性能的另一项核心指标，其动态变化过程通过放电曲线直观展现，这一曲线是一个随时间推移而变化的数值集合。鉴于其动态特性，通常采用中点电压作为代表性的工作电压值，该值捕捉了额定放电时间中点时刻的电池电压状态，特别适用于评估大电流、高倍率放电场景下电池的性能表现。

为了精确测试动力电池的充放电性能，专业领域内广泛采用电池充放电性能测试仪这一高端设备，它能够全面而准确地获取电池在充放电过程中的各项关键参数，为电池性能的优化与改进提供坚实的数据支持。

（二）电池容量测试

电池容量测试与放电性能测试方法相似，涵盖了恒流放电、恒阻放电、恒压放电、恒压恒流放电、连续放电及间歇放电等多种模式。通过这些测试，结合放电时长与电流强度，可以精确计算出电池容量。在恒流放电模式下，电池容量直接由放电电流与放电时间的乘积得出，但值得注意的是，这一容量值不仅受放电电流大小的影响，还与环境温度、充电制度，以及电池搁置时间等外部条件密切相关。为了更准确地获取电池容量信息，通常会采用专业的电池容量检测仪来进行测试。

（三）电池循环寿命测试

电池循环寿命，作为评估电池性能的核心指标之一，其定义基于特定充放电制度下，电池容量降至预设阈值（如锂离子电池常设定为额定容量的80%，不同电池标准或有差异）之前所能承受的完整充放电循环次数。这一参数受多重因素影响，包括但不限于电极材料的选用、电解液的性质、隔膜的性能、制造工艺的精良度、充放电策略的优化以及操作环境的温度条件等。因此，在进行电池循环寿命测试时，确保所有测试条件均得到严格控制，以模拟实际使用场景，确保测试结果的准确性和可靠性。测试过程中，通过反复执行预设的充放电循环，并持续监测电池容量的衰减情况，一旦电池容量降至规定阈值以下，即标志着测试结束，此时所完成的循环次数即为该电池的实际循环寿命。

（四）电池内阻、内压测试

电池内阻依据测试方式的不同分为交流内阻与直流内阻两类。鉴于充电电池内阻极微，直流测试时易因电极极化现象产生极化内阻，导致难以获取真实阻值。相比之下，交流内阻测试法能有效规避极化影响，通过模拟电池为有源电阻，施加频率为1000Hz、幅值为50mA的交流电流，并经由电压采样、整流滤波等精密处理流程，准确测定电池的真实内阻值，此过程常借助专用内阻仪完成。

电池内压则源于充放电循环中产生的气体积累，其水平受电池材料特性、生产工艺、结构设计及使用方法等多种因素共同调控。通常情况下，电池内压维持于安全范围内；然而，在过充或过放极端条件下，内压有上升趋势，需密切关注以防潜在安全风险。

（五）高低温环境下的电池性能测试

电动汽车动力电池在实际应用中可能遭遇多变的环境温度条件，因此，评估其在不同温度下的充放电性能至关重要。为确保电池性能的稳定性和可靠性，需分别针对低温、常温及高温环境进行专项测试。测试应遵循既定的标准化方法，具体要求在 −20℃低温条件下，电池容量应维持在不低于额定值的70%，以验证其耐寒性能；而在55℃高温环境下，电池容量则需保持不低于额定值的95%，以检验其耐热稳定性。至于常温20℃下的高倍率放电测试，则需区分电池类型：对于能量型电池，其容量应不低于额定值的90%；而对于功率型电池，则要求不低于额定值的80%，以此评估电池在高倍率放电场景下的性能表现。值得注意的是，高低温测试与常规充放电性能测试在仪器需求上大致相同，主要区别在于需在恒温箱中控制特定温度，以精确测量电池在不同温度条件下的性能表现。

（六）自放电及储存性能测试

自放电，亦称作荷电保持能力，是评估电池在开路条件下，于特定环境内保持其储存电能能力的关键指标。这一性能深受制造工艺的精湛程度、所用材料的性质以及储存环境的控制条件等多方面因素影响。作为衡量电池综合性能的重要参数，自放电率的高低直接关系到电池的实际应用效果。普遍而言，降低电池储存温度有助于减缓自放电速率，但值得注意的是，极端低温或高温环境均可能对电池结构造成不可逆损害，进而使其失效。因此，在电池满电状态下开路搁置一段时间后，出现适度的自放电现象被视为正常，但需确保储存条件适宜，以避免对电池性能造成不利影响。

（七）电池安全性能测试

电池安全性能测试的项目非常多，不同类型电池的安全性能测试项目也不同，可根据相关标准选择测试。

七、动力电池的充电方法及充电设施

（一）动力电池的充电方法

1. 恒电流充电法

恒电流充电技术是一种通过调节充电设备的输出电压或调整与蓄电池串联的电阻值，以确保在充电全过程中充电电流维持恒定不变的充电方式。该方法在控制上相对直观简便，然而，随着充电进程的推进，蓄电池的可接受电流能力会逐渐减弱。这一特性导致在充电的后期阶段，大部分充电电流不再有效地用于电池内部化学反应，而是更多地转向电解水的过程，从而引发气体的过量产生，即所谓的"出气过甚"现象。鉴于上述问题，为了优化充电效率和电池性能，实际应用中更倾向于采用阶段充电法，该方法能够根据不同充电阶段的电池特性灵活调整充电策略，避免不必要的能量损失和副反应。

2. 恒电压充电法

恒电压充电法是一种特定充电策略，其特点在于充电过程中电源电压维持恒定，不随时间变化。随着蓄电池内部电动势的逐步提升，充电电流则自然递减。相较于恒流充电，恒电压充电模式更能贴近理想的充电曲线，实现高效充电。在快速充电场景下，初期由于蓄电池电动势较低，充电电流显著，但随着充电进程的推进，电流逐渐减小，这使得恒电压充电仅需简单的控制系统即可有效监控。此充电方式显著减弱了电解水现象，有效防止了蓄电池过充问题。然而，初期大电流对蓄电池寿命构成挑战，可能加速极板弯曲，甚至导致电池提前报废。鉴于此，恒电压充电法并不普遍采用，仅在特定条件下如充电电源电压较低而需求大电流时应用，例如汽车行驶过程中蓄电池的充电即采用此法。

3. 阶段充电法

阶段充电法作为提升充电效率与电池性能的有效策略，主要包括二阶段与三阶段充电法两种模式。二阶段充电法巧妙融合了恒电流与恒电压技术，实现快速充电。该方法首先采用恒电流模式充电至预设的电压阈值，随后无缝切换至恒电压模式，继续完成剩余充电过程。值得注意的是，两阶段间的转换电压恰好作为第二阶段的恒定电压值，确保了充电过程的平稳过渡。

而三阶段充电法则在此基础上进一步优化，通过在充电初期与末期采用恒电流模式，中间阶段则采用恒电压模式，实现了更为精细化的充电控制。当电流逐渐衰减至预设水平时，系统会自动从第二阶段过渡到第三阶段。这种充电方式显著减少了充电过程中气体的产生，尽管其作为快速充电方法使用时受到一定条件限制，但在提升充电效率与保护电池健康方面展现出了卓越的性能。

4. 快速充电法

快速充电领域涵盖了多种先进方法，旨在提升充电效率与电池性能。脉冲式充电法通过周期性施加脉冲电流与停充阶段，不仅遵循电池自然充电接受率，更进一步提升其充电效率，有效减轻极化现象，促进气体复合，从而加速充电进程并延长电池寿命。ReflexTM 充电法专为镍镉电池设计，通过正向充电脉冲、反向瞬间放电脉冲及停充维持三阶段循环，有效缓解记忆效应，显著缩短充电时间。变电流间歇充电法则结合了恒流与脉冲充电的优势，前期采用变电流间歇策略快速积累电量，后期转为定电压充电确保电池完全饱和，同样利用间歇停充优化气体复合过程。变电压间歇充电法则在变电流基础上，将初期恒流改为恒压，使充电电流自然递减，更加贴合电池充电特性。而变电压变电流波浪式间歇正负零脉冲快速充电法，则是集上述方法之大成，通过精细调控脉冲电流幅值、PWM 信号频率与占空比，并融入间歇停充机制，实现了在更短时间内高效安全地完成充电过程，极大地提升了电池的充电接受能力与整体性能。

（二）动力电池充电基础设施

1. 充电桩

充电桩作为电动汽车充电的关键基础设施，其功能与加油站内的加油机相类似，灵活部署于地面或墙面，广泛覆盖公共建筑以及居民小区和专用充电站内，适配不同电压需求，服务于各类电动汽车。其设计集成了交流电网直接连接的输入端与配备充电插头的输出端，支持常规充电与快速充电两种模式，用户通过充电桩上的人机交互界面，利用特定充电卡即可轻松选择充电模式、设定充电时长，并获取充电量、费用及时间等详细信息，实现便捷充电体验。

充电桩依据不同标准可划分为多种类型：从安装方式来看，有落地式与挂壁式之分，前者更适用于远离墙体的停车位，后者则贴墙安装，节省空间；按安装地点划分，则包括公共充电桩、专用充电桩及自用充电桩；而从充电方式角度考量，则分为直流快充桩、交流慢充桩及集两者功能于一体的交直流一体充电桩，满足不同场景下的快速与高效充电需求。

2. 充电机

充电机采用前沿的高频电源技术与智能动态调整充电技术，核心由微处理器精确控制，将复杂的硬件模拟电路功能集成于软件中，实现 UPS 的高效稳定运行。支持恒流、恒压、小恒流三阶段智能充电模式，确保充电高效、操作简便，同时设备轻巧、体积紧凑。配备反接、过载、短路、过热等多重安全防护，以及延时启动、软启动、断电记忆自启动等智能功能，采用科学电量控制技术，自动判断电池状态，避免过充或欠充，有效延长电池使用寿命。适用于镍铬、镍氢、铅酸、锂离子等多种电池类型。

产品系列丰富，包括叉车充电机、电动车充电机、智能充电机、浮充充电机及可调充电机，满足不同场景需求。

使用时请注意以下事项：

确保电池极性正确连接，避免损坏充电机与电池。充电机应置于通风良好、干燥、无尘、无腐蚀性气体、无强电磁干扰的环境中，并可靠接地。

充电机适用于室内外非车载环境，严禁内部进水。

输入电源需为两相 380V ±5%，50Hz。

根据使用距离选用合适电缆，确保线路压降不超过 5%。

适宜使用环境温度为 −10 ~50℃，海拔不超过 1000 米，保持至少 0.6 米通风空间，定期检查风机运转状态。

充电操作顺序为先接蓄电池，后通电源；充电完成后先断电源，再拔蓄电池插头。

3. 充电站

电动汽车充电站，作为一种高效能的充电设施，旨在迅速补给电动车电力，其布局灵活，可融入沿街商业区、社区街道、报刊亭边及停车棚等多样场景。该充电站集电池激活、维护式快充、定时控制、满电报警、智能快充、密码防护、自动识别电压、多重安全保护及多路输出等功能于一体，配备通用输出接口，广泛兼容各类电动车快充需求。其内部结构精心设计，涵盖初级一次侧充电机、储能蓄电池组、次级二次侧快速充电模块、再生蓄电池维护装置、智能计费控制系统、线缆配电网络及恒温密封机房，后者还融入了值班办公空间，确保运营顺畅。

在工作原理上，充电站巧妙利用夜间电力低谷时段，通过初级充电机对储能蓄电池进行小电流慢充，实现能源的高效储备。当电动汽车接入充电时，系统依据车辆的最大允许充电参数，智能调度次级快速充电机，从储能蓄电池中向车辆迅速"倒电"，这一过程不仅避免了直接从电网高功率取电可能带来的电网干扰问题，还确保了充电过程的安全与高效。用户按实际充电量支付费用，操作简便快捷，极大提升了电动汽车的充电便利性与用户体验。

第二节　车辆对动力电池的要求

动力电池，作为二次电池家族中的重要成员，其独特之处在于并非专为汽车发动机启动设计，而是专注于满足电动车辆、电动工具等高需求应用场景。这类电池集高功率输出、高能量储备、卓越的能量密度、耐高倍率循环使用、宽广的工作温度范围、长久的使用寿命以及高度的安全可靠性于一身，完美契合了那些需要大电流深度放电的设备需求。

一、电动车辆驱动分析

（一）驱动力分析

电动汽车通过其搭载的动力电池组作为能量源泉，向驱动电机供给电能。驱动电机接收电能后转化为机械功率输出，这部分功率不仅用于克服电动汽车内部机械结构所固有的内阻力，还用于应对行驶过程中由路况、载重等外部条件所决定的外阻力，从而高效实现电能到机械能的转换，驱动车辆前进，完成能量的动态传递与车辆的持续运动。

电动汽车的驱动电机输出轴输出转矩 M，经过减速齿轮传动，传到驱动轴上的转矩为 M_t，使联动力与地面之间产生相互作用，车轮与地面间作用一周力 F_0，同时，地面对驱动轮产生反作用力 F_t。F_t 和 F_0 大小相等、方向相反，F_t 与驱动轮的前进方向一致，是推动汽车前进的外力，定义为电动汽车的驱动力。公式为

$$M_t = M i_g i_0 \eta \tag{2-1}$$

$$F_t = M_t/r = M i_g i_0 \eta/r \tag{2-2}$$

式中，F_t 为驱动力（N）；M 为电动机输出转矩（N·m）；i_g 为减速器或者变速器传动比；i_0 为主减速器传动比；η 为电动汽车的机械传动效率；R 为驱动轮半径。

电动汽车的机械传动装置构成了连接驱动电机输出轴至车轮的关键链路，这一系列装置包括减速齿轮传动箱或变速器、传动轴以及主减速器等，它们共同协作，以确保动力的高效传递。然而，在机械传动链的运行过程中，不可避免地会伴随功率损失，这些损失主要源自多个方面：首先是齿轮啮合点因摩擦而产生的能量损耗；其次是轴承内部因摩擦作用消耗的能量；再次，旋转部件与密封机构间的相互作用同样会引入摩擦损失；最后，润滑油在传动系统内的搅动也会带来额外的能量消耗。这些因素共同作用于电动汽车的机械传动系统，对整体效率产生影响。

然而，根据式（2-3）所示的汽车行驶方程式可知，车辆的驱动力应与汽车的行驶阻力平衡：

$$F_t = F_f + F_w + F_i + F_j \tag{2-3}$$

式中，F_f 为滚动阻力；F_w 为空气阻力；F_i 为坡度阻力；F_j 为加速阻力。

汽车的滚动阻力：

$$F_f = mf \qquad (2-4)$$

式中，m 为汽车质量；f 为滚动阻力系数。

汽车的空气阻力：

$$F_w = C_D A u_a^2 / 21.15 \qquad (2-5)$$

式中，C_D 为空气阻力系数；A 为迎面面积；u_a 为汽车行驶速度。

汽车的坡度阻力：

$$F_i = \delta m du / dt \qquad (2-6)$$

式中，δ 为汽车旋转质量换算系数；m 为汽车质量；du/dt 为行驶速度。

（二）能量与功率分析

驱动车辆所需要的功率为

$$P_v = u_a (F_f + F_w + F_i + F_j) \qquad (2-7)$$

动力电池组所需要提供的功率：

$$P_B = P_v / \varepsilon_M \varepsilon_E \qquad (2-8)$$

式中，ε_M 为电动汽车传动系统的机械效率；ε_E 为电动汽车电气部件的效率。

电动车辆行驶所需的能量是功率与行驶时间的积分，即

$$E_r = \int P_B(t) dt \qquad (2-9)$$

式中，E_r 为电动车辆一定情况下应用对电池的能量需求。

二、车用动力电池的特征

（一）纯电动场地车辆

纯电动场地车辆，如电动叉车，其道路运行工况多为预先设定，确保了在特定工作时段内，车辆移动及搬运任务的距离明确且固定。基于这一特点，车辆制造商能够依据客户提供的详尽数据，精确推算出执行特定任务时电池所需能耗。这些数据涵盖行驶里程、途经斜坡的坡度、搬运货物的重量及提升高度，直接关联到车辆的功率需求：行驶里程决定了基础阻力需求，而斜坡则额外增加了阻力考量（在低速运行的场地车辆中，空气阻力相对可忽略不计）。进行起重作业时，所需额外功率与举起物体的总质量成正比。通过累加单次任务能耗并乘以运行次数，可得出满足工作周期要求的电池总能量需求。为预防过放电并补偿电池性能的自然衰减，动力电池组的设计容量往往超出直接计算值。当前，动力铅酸电池已能有效支撑电动叉车在标准工况下的能量与功率需求，且在大质量货物搬运时，其自重还能辅助平衡有效载荷，体现了在特定应用场景下的独特优势。然而，面对牵引条件多变的复杂路况，精确计算牵引车所

需电池性能则更为复杂，通常需依据综合的常用工况来估算纯电动场地车辆的动力电池功率与能量需求。

（二）纯电动道路车辆

纯电动道路车辆的行驶完全仰仗于动力电池组的能量储备，其中，动力电池的能量级别直接决定了车辆的最大续航里程，但随之而来的是电池组体积与质量的增加。因此，在选配动力电池时，必须综合考虑车辆的设计目标、特定道路条件及实际运行工况。具体而言，动力电池组需满足以下核心要求：首先，确保充足的能量与容量，以支撑日常行驶中的连续放电率不超过1C，同时应对突发情况，峰值放电能力需达到3C以上；若车辆配备回馈制动系统，电池组还需兼容高达5C以上的脉冲电流充电，以高效回收制动能量。其次，电池须具备深度放电能力（如80%放电深度）而不显著折损其使用寿命，且在必要时能全功率输出直至完全放电。再次，为保障电池性能与安全，必须配备先进的电池管理系统与热管理系统，前者用于精准显示剩余电量，后者则负责调控电池温度，维持最佳工作状态。最后，鉴于动力电池组显著的体积与质量，其箱体设计、车内空间布局及安装策略均需紧密贴合整车架构，特别是前后轴重配比，以实现空间的最大化利用与性能的最优化。

（三）混合动力电动车辆

相较于纯电动车辆，混合动力电动车辆在动力电池能量需求上有所放宽，但对其瞬时功率输出能力提出了更高要求，即需实现"小容量电池承载大电流"的能力。这种需求因混合动力汽车构型的不同而有所差异：串联式混合动力汽车完全依赖电动机驱动，其电池系统虽与纯电动车相似，但容量需求较小，更注重功率特性与整车需求的匹配，特别是高功率放电能力；并联式混合动力汽车则允许内燃机与电动机直接驱动车轮，电池组容量可进一步缩减，但需瞬间提供满足加速或爬坡所需的大功率，放电电流峰值可能远超常规。

鉴于混合动力汽车构型、工作环境及工作模式的复杂性，对动力电池提出统一标准颇为挑战，但共性要求包括高峰值功率以支持短时大功率充放电；长循环寿命，理想状态下与整车同寿命；维持SOC在50%～85%工作以优化性能；以及配备完善的电池管理系统，特别是热管理系统。

对于可外接充电混合动力汽车，期望其在纯电动模式下续航里程超过40千米，且在电量不足时无缝切换至混合动力模式，这就要求动力电池组在较低SOC状态下仍能输出高功率。此外，燃料电池电动车辆因燃料电池功率密度限制，常与动力电池并联或串联使用，对动力电池的性能要求与混合动力电动汽车相类似，强调高功率输出、长寿命及有效管理。

三、动力电池在使用中的特点

动力电池的核心优势集中体现在其高功率与高能量两大特性上。高功率特性预示着电池能够承载更大的充放电电流，这对于提升电动汽车的加速性能与快速充电能力至关重要；而高能量则直接关联到电池的能量密度，即更高的质量比能量与体积比能量，这是延长电动汽车续航里程的关键。然而，追求高功率与高能量往往是相互制约的：增强功率意味着需要提升充放电电流，这进而要求电池结构设计上增大等效反应面积、减小接触阻抗，此过程中往往伴随着电池体积与质量的增加，从而不可避免地牺牲了比能量。因此，在动力电池系统的设计中，必须权衡这两大指标，依据整车设计的最优化应用需求，精心规划电池系统架构，以实现性能与效率的最佳平衡。

从使用角度而言，动力电池的特点可以总结为以下 7 个。

（一）高能量

对于电动车辆而言，追求高能量密度是永恒的主题，因为更高的能量直接等同于更长的纯电动续航里程，这一特性极大地拓宽了车辆的使用便捷性与应用领域。因此，电动汽车行业对动力电池能量密度的提升需求从未停歇。锂离子动力电池之所以能在电动汽车领域广泛普及并受到青睐，核心优势在于其能量密度显著超越传统铅酸电池，达到后者的三倍之多，且这一数值仍有进一步攀升的潜力。技术进步的浪潮中，锂离子电池与新兴的镁电池正成为研发焦点，它们共同的特点是在能量密度上的卓越表现，持续吸引着科研人员探索与创新，以期在未来电动交通领域发挥更加重要的作用。

（二）高功率

车辆作为现代交通的核心工具，其高速化趋势日益显著，这一变革直接促使对车辆动力性能提出了更为严苛的要求。为了实现卓越的加速响应与高速巡航能力，驱动电机必须具备强大的功率输出能力，这进而对动力电池组提出了挑战——需要能够稳定且高效地供给驱动电机所需的高功率电能，确保车辆在各种行驶工况下都能获得充足的动力支持。然而，值得注意的是，长期承受大电流、高功率的用电负荷，虽能满足即时动力需求，却不可避免地会对电池的使用寿命构成威胁，降低其充放电循环效率，甚至可能影响到电池使用的安全性与稳定性。因此，在动力系统设计中，必须纳入一定的功率储备策略，以避免动力电池长时间处于满负荷或极限工况下运行，从而在保证车辆动力性能的同时，延长电池的使用寿命，提升整体系统的可靠性与经济性。

（三）长寿命

当前，铅酸动力电池在深充深放条件下，使用寿命可达到约 400 次充放电循环，而锂离子动力电池则显著延长至 1000 次以上，至于混合动力汽车常用的镍氢电池，其寿命更是已突破 10 年大关。动力电池的寿命不仅是衡量其性能的重要指标，也直接关系到整体使用成本，特别是车辆运营过程中电池的更换费用，构成了电动汽车总体使用成本的重要组成部分。因此，深化现有电池电化学体系的研究，以探索延长电池寿命的新途径，成为当前亟待解决的关键问题之一。此外，在动力电池的集成应用层面，确保电池单体之间寿命的一致性，以使得整个电池组的使用寿命接近单体电池的最优表现，同样是研究中不可忽视的重要内容，对于提升电动汽车的经济性与可靠性具有重大意义。

（四）低成本

动力电池的成本构成复杂，深受其蕴含的新技术含量、所选材料、独特制作工艺以及生产规模等多重因素的影响。当前，随着科技的不断进步，新开发的高比能量电池虽然展现出显著提升的能量密度优势，但其高昂的成本也随之而来，直接推高了电动汽车的整体造价。这一现状凸显了电动汽车产业在追求性能提升与成本控制之间所面临的挑战。因此，积极探索并研制出既高效又低成本的动力电池解决方案，成了推动电动汽车行业持续发展的关键所在。通过技术创新、材料优化、生产工艺改进以及规模化生产等手段，力求在保持或提升电池性能的同时，有效降低生产成本，进而促进电动汽车的普及与应用。

（五）安全性好

动力电池作为电动汽车的核心部件，提供高达 300V 以上的高压驱动电能，这一特性在赋予电动汽车强劲动力的同时，也带来了不容忽视的电安全挑战，成为电动汽车区别于传统内燃机汽车的重要标志。尤其值得注意的是，动力电池作为高能量密度的储能装置，其自身亦潜藏着安全隐患，以锂离子电池为例尤为显著。在充放电循环中，若发生热失控反应，可能迅速引发电池短路、起火乃至爆炸等严重后果。此外，锂离子电池所采用的有机电解质在特定电压（约 4.6V）下易氧化，且其溶剂具有易燃性，一旦泄漏，同样可能诱发火灾或爆炸。再者，车辆遭遇碰撞、挤压、跌落等极端事故时，电池内部短路的风险急剧上升，进一步加剧了安全威胁。

鉴于上述风险，动力电池的安全检验标准被置于极高优先级，我国已出台一系列严格标准，对动力电池及其模块进行全方位的安全性评估。这些标准涵盖了高温、高湿、穿刺、挤压、跌落等多种极端工况下的测试，确保电池在这些条件下不会发生燃烧或起火，从而为用户的人身安全及车载电器的稳定运行筑起坚固防线。

（六）工作温度适应性强

车辆作为广泛应用的交通工具，其使用不应受限于特定的地域条件，无论身处何地、何时，车辆都须具备适应不同温度环境的能力。这一需求直接对动力电池提出了温度适应性的挑战，要求电池能在各种气候条件下保持稳定的性能输出。为应对这一挑战，现代动力电池系统在设计时普遍融入了温度管理的考量，通过集成先进的冷却系统或加热系统，精准调控电池的工作温度，确保其始终运行在最佳效能区间。这一过程不仅增强了电池的可靠性，延长了使用寿命，也为车辆在不同时间与空间条件下的无忧运行提供了坚实保障。

（七）可回收性好

根据动力电池使用寿命的普遍界定，当电池容量衰减至其额定容量的 80% 以下时，即视为动力电池的使用寿命终结。随着电动汽车市场的蓬勃发展，废旧动力电池的回收处理问题日益凸显其重要性。从化学性能角度考量，动力电池的可回收性首要条件在于其正负极材料及电解质液等组分的无毒性与环境友好性，以确保回收过程不对生态环境造成污染。进一步而言，深入探索电池内部各类材料的回收与再利用技术，是实现资源循环利用、减轻环境负担的关键。此外，动力电池的再利用还涉及梯次利用策略，即依据动力电池寿命标准，将那些虽已低于额定容量 80% 但仍有剩余价值的电池，转移至对电池容量与功率要求相对较低的应用领域，以延长其服役周期，最大化电池的经济与环保效益。

第三节　动力电池的测试

一、动力电池基本测试方法

（一）基础测试项目

1. 静态容量检测

本次测试的核心目的在于验证车辆在实际应用场景中，动力电池组是否具备充足的电能储备与能量输出能力，以确保其能够充分应对各种预设的放电速率及不同温度环境下的工作要求。为实现这一目标，我们采用了在恒温控制条件下执行恒流放电测试的方法。测试过程中，放电操作的终止标准被明确设定为动力电池组电压降至预设阈值，或动力电池组内各单体间电压一致性（电压差）达到特定允许范围，以此全面评估电池组在复杂工况下的性能表现及稳定性。

2. 动态容量检测

在电动汽车的实际行驶过程中，动力电池的使用温度和放电倍率处于持续动态变化之中，因此，针对动力电池组的测试需重点聚焦于其在这种动态放电环境下的性能表现。具体而言，测试的核心在于评估电池组在不同温度条件和变化放电倍率下的能量输出与容量保持能力。为实现这一目标，测试方法通常采用预设的变电流工况模拟，或直接依据实际车辆行驶过程中采集到的电流变化曲线，对动力电池组进行放电性能测试。试验的终止条件依据具体测试工况及动力电池的固有特性灵活调整，但普遍遵循的一个标准是电池电压降至某一预设阈值。这种测试策略能够更加贴近电动汽车的真实使用场景，直接且准确地反映动力电池在实际应用中的性能需求与表现。

3. 静置试验

本测试旨在量化动力电池组在经历一段时间非使用状态下的容量衰减情况，以模拟电动汽车长期停放、电池处于开路静置的真实场景。这一过程，业界常称为静置试验或自放电及存储性能测试，其核心在于评估电池在开路条件下，于特定环境氛围内保持其存储电能的能力，即电池电量的长期保持稳定性。通过该测试，可以直观地了解电池在存储期间自放电等导致的能量损失情况，为电动汽车用户及制造商提供关于电池维护周期与存储策略的重要参考依据。

4. 起动功率测试

鉴于汽车启动时需要瞬间释放较大功率，且这一需求在不同环境温度下有所差异，因此，对动力电池组进行低温（-18℃）和高温（50℃）条件下的启动功率测试显得尤为重要。此类测试不仅需在特定温度环境下执行，还需进一步细化考量电池在不同荷电状态（SOC）下的放电能力，以确保评估的全面性与准确性。通常，测试会设定多个 SOC 水平，如90%、50%和20%，分别在这些 SOC 点进行功率测试。通过这样的测试设计，能够全面评估动力电池组在不同温度及荷电状态下的启动功率表现，为优化电池性能、提升汽车启动性能提供科学依据。

5. 快速充电能力测试

本次测试聚焦于动力电池组的快速充电能力评估，通过实施高倍率充电策略，深入探究电池在快速充能过程中的效率表现、热量产生情况以及对整体性能可能产生的影响。针对快速充电技术的期望标准，美国先进电池联合会设定了一个明确目标：即在短短的 15 分钟内，将动力电池组的电量从低电量状态（10%）迅速提升至高电量水平（80%），以此作为衡量电池快速充电性能优劣的关键指标。这一测试不仅是对电池技术前沿探索的体现，也是推动电动汽车向更加便捷、高效充电方向发展的重要实践。

6. 循环寿命测试

电池的循环寿命是评估其经济性的关键因素之一，当电池的实际可用容量降至其初始容量的 80% 以下时，通常认为该动力电池已达使用寿命终点。为了量化这一指标，主要测试方法是在特定条件下对电池进行连续充放电循环，循环次数则直接反映了电池的寿命长短。然而，鉴于动力电池寿命测试周期冗长，可能耗时数月乃至一年之久，实际操作中常采用一种方案：通过设定有限的测试循环次数，观测并记录容量衰减趋势，进而利用线性外推法预估电池的整体寿命。此外，在科研领域，为了加速动力电池及电池组的寿命测试进程，研究人员正积极探索通过提高测试温度、增大充放电倍率等手段来加速电池老化过程，以期在更短时间内获得可靠的寿命评估结果。

7. 安全性能测试

电池的安全性能是评估其在正常使用及闲置状态下，对人员及设备潜在危害程度的关键指标。尤为值得关注的是，在电池遭受滥用情况下，如遭遇异常能量输入，可能触发电池内部组分间的剧烈物理或化学反应，迅速积聚大量热能。若此热量无法得到有效散发，将引发电池热失控现象，这是一种极为危险的状况，它不仅会导致电池结构遭受严重破坏，如发生猛烈的气体释放、外壳破裂，甚至可能诱发火灾，从而构成重大的安全事故隐患。在众多类型的化学电源之中，锂离子电池因其独特的化学性质与广泛的应用场景，其安全性问题显得尤为突出与重要。

8. 电池振动测试

本测试的核心目的在于评估道路行驶过程中频繁遭遇的振动与撞击对动力电池及

其整体组件性能与寿命的潜在影响。具体而言,电池振动测试聚焦于验证动力电池(组)在持续振动环境下的耐久性能,其结果不仅用于量化振动对电池寿命的减损效应,更作为优化动力电池结构设计的重要参考依据。在振动试验中,常见的振动模式包括正弦振动与随机振动两种,但鉴于动力电池的实际应用场景主要集中于车辆行驶过程,为更贴近真实使用条件,通常采用随机振动模式进行测试,以确保测试结果的准确性和实用性。

(二)安全性能测试

1. 耐过充、过放能力的测试

在密闭性蓄电池过充或过放时,其内部容器内会迅速积聚气体,导致内压急剧攀升。若安全阀响应不及,未能及时开启释放压力,电池将面临爆裂的风险。正常情况下,安全阀应能在预定压力下自动启动,排出多余气体,但此举亦会伴随电解液量的减少,极端情况下可致电解液枯竭,进而损害电池性能乃至使其失效。尤为值得注意的是,使用浓酸或浓碱电解液的电池,泄出的气体携带的电解液还可能对用电设备造成腐蚀损害。因此,设计电池时,必须确保其具备良好的耐过充能力,杜绝爆裂现象,同时在一定范围内的过充过放条件下保持密封性,避免电池变形。为预防气体过度积累,常见策略是采用负极材料过量的设计;而对于过放电可能引发的反极问题,则通过在正极中添加反极物质来实现有效保护。

执行过充电测试时,需依据电池的具体类型与规格设定恰当的测试条件。例如,针对 Ni-MH 电池,过充电流的选择需考虑恒流源的输出功率;对于小容量电池,可采用较高的电流倍率;而大容量电池由于恒流源限制,可能无法直接实现大电流充电,此时需采取周全的安全防护措施,确保测试过程的安全与有效性。

2. 短路测试

短路情况对于电池而言是极为严峻的挑战,因为它能立即引发巨大电流,导致电池温度急剧攀升,极端情况下甚至可能使电解液达到沸腾状态或促使密封圈熔化,造成严重后果。在进行短路测试时,必须充分考虑并预防这些潜在风险,采取周密的防护措施以保障测试安全。标准的测试流程通常包括将电池完全充电后,于室温条件下直接短接电池两极并持续 1 小时,期间虽允许一定程度的电解液泄漏,但绝对禁止电池发生起火或爆炸现象,以确保测试过程的安全可控及测试结果的准确有效。

3. 耐高温测试

电池在高温环境下的表现尤为关键,因其可能发生的显著变化,甚至包括爆炸等极端情况,故通常严禁将电池直接暴露于火焰之中,并严格要求电池在适宜温度范围内保持安全性能。针对电池的安全性能测试,温度区间通常划分为高温区与低温区两大类别。值得注意的是,传统意义上的"高温区测试"并非字面意义上的"投入火中",而是指极端条件下的模拟测试;而实际中提及的将电池置于火中直接测试,实为极端破坏性试验,不属常规测试范畴。

在低温区测试中,常见的测试条件设定包括将满电状态的电池置于沸水中 2 小时,或置于150℃恒温箱内保持10分钟，以验证电池在此类极端低温环境下的稳定性，要求电池在此期间无爆炸、无泄漏。经历低温测试后，尽管电池的内阻与开路电压可能会有所变化，但仍需保持基本功能，确保继续使用的可能性。

相比之下，高温区的测试则更为严苛且具破坏性，特别是将电池直接投入火中的极端测试，其温度可飙升至800℃，导致电池内部的密封圈及其他塑料部件完全熔化，甚至可能伴随燃烧现象。在此情境下，虽然允许有气体释放，但电池绝对禁止发生爆炸，这是对电池极端条件下安全性能的极限考验。

4. 钻孔试验

当电池面临外界尖锐物体的意外冲击时，存在外壳被刺破的风险，尤其是当刺入物具有导电性时，极易导致正负极片之间发生短路，从而引发安全隐患。鉴于此，针对特定应用场合的电池，额外进行钻孔试验显得尤为重要。在进行此测试前，需确保电池处于完全充电状态。钻孔操作可通过钻床完成，钻头材料须具备导电性，以确保测试的有效性。具体测试条件设定为：使用直径1.0mm的钻头，沿电池直径方向进行穿透性钻孔。测试过程中，允许电池出现漏液及发热现象，但严禁电池发生爆炸，以此严格评估电池在极端条件下的安全性与稳定性。

5. 机械性能

机械性能测试是评估蓄电池耐用性不可或缺的一环，涵盖耐碰撞、耐冲击及耐振动等多个维度，其中碰撞试验与振动试验尤为常用。在标准环境温度（20±5）℃条件下进行的跌落试验中，蓄电池需从1米高度自由落体至硬木地板，且每个方向重复两次，以此检验其抗冲击能力。试验结束后，电池必须保持完好，不得出现漏液、放气、爆炸、起火或显著形变等任何异常现象。

针对我国电动道路车辆用蓄电池的耐振动性能，国家规定了严格的四步测试流程：首先，利用制造商提供或推荐的专用充电器，按照既定方法将电池完全充电；其次，将电池牢固安装于振动试验台上，并通过放电电流负载；再次，启动振动试验，使电池在30～35赫兹的频率范围内进行上下方向的振动，振动最大加速度达到$30m/s^2$，持续2小时，期间需密切监测电池放电电压的稳定性；最后，细致检查试验后的电池，确认其无机械损伤、电解液无渗漏等现象。整个测试过程中，若发现放电电压异常、机械损伤或电解液渗漏，则判定该电池耐振动性能不合格。

6. 抗腐蚀性能测试

在评估电池耐腐蚀性能时，常用的测试手段包括电化学测试与盐雾试验法。执行盐雾试验时，需将待测电池置于专门的测试箱内，随后向箱内喷洒经过精细雾化的试验溶液。此溶液通常为5%的NaCl溶液，其总固体含量严格控制在$20\mu g/g$以下，且pH维持在6.5～7.2，以确保测试条件的一致性。试验期间，盐雾箱内的温度需保持恒定，以模拟稳定的腐蚀环境。电池在盐雾箱内的暴露时间通常为48小时，期间细雾均匀沉降于电池表面。试验结束后，要求电池的容量未发生显著变化，电池顶部（封口处）及底部虽允许出现轻微锈迹，但严禁出现穿孔或明显的点蚀现象。同时，电池必须保持密封良好，不得出现泄漏或爆炸情况，以此验证电池在腐蚀性环境中的耐久性与安全性。

二、动力电池的典型测试设备

(一) 硬件测试设备

1. 充放电性能试验台

电池性能检测涵盖多个关键维度，其中充放电性能检测是基础且核心的一环，该检测体系通常由充放电单元与控制程序单元协同工作，允许通过计算机远程操控，实现动力电池的恒压、恒流或预设功率曲线充放电。这一过程不仅监测电压、电流及温度参数，还深入评估电池容量、能量输出及电池组一致性等重要指标。测试设备依据功率与电压等级细分，以适配不同规格的动力电池及电池组，如单体电池测试常设 0 ~ 5V 电压与 0 ~ 100A 电流范围，而大功率电池组测试则需覆盖更宽的电压区间（如 0 ~ 500V）及高达 200kW 的功率上限。

内阻作为电池性能评估的次级关键参数，其测试方法多样，包括方波电流、交流电桥、交流阻抗、盲流伏安、短路电流及脉冲电流法等。实践中，直流放电法因其简便性而广泛应用，通过瞬态大电流放电测量电压降，利用欧姆定律推算内阻。交流法则通过注入低频交流信号，分析电压、电流及其相位差来测定内阻，成为当前设备制造商的主流选择。

温度管理对电池性能至关重要，充放电过程中的温升是监测焦点。常规测试多聚焦于电池壳体特定位置的温度变化，充放电设备集成的温度采集系统能同步记录这一过程。为获取更全面精准的温度分布，专业温度测试工具（如非接触式测温仪与热点成像仪）应运而生，它们能够捕捉电池一个或多个表面的温度变化轨迹，提取关键测量点的温度数据，为电池温度场分析提供强有力的支持。

2. 环境模拟试验系统

动力电池的实际应用环境复杂多变，涵盖了温度、湿度以及车辆行驶中路况差异导致的振动等。因此，在环境试验设计中，需综合考虑这三个关键维度。通常，可以通过独立的温度试验箱、湿度调节试验箱和振动试验台，分别模拟单一环境因素对电池性能的影响。然而，真实工况下，这些因素往往相互交织，共同作用。为更贴近实际使用场景，业界开发了温湿度综合试验箱以及集温湿度与振动于一体的三综合试验台，以全面评估电池在多环境参数耦合条件下的表现。此外，鉴于温度变化对电池性能的显著影响，还特别设计了温度冲击试验台，通过模拟快速且剧烈的温度变化，进一步测试电池对极端温度波动的适应能力，确保其在实际应用中的稳定可靠。

3. 电池滥用试验设备

电池滥用试验设备专为评估电池在极端或异常使用条件下的安全性设计，旨在模拟诸如车辆碰撞、正负极直接短路，以及限压限流保护机制失效等场景，以检验电池是否会引发火灾、爆炸等危险状况。这一系列设备包括钻孔试验机、冲击试验机、跌落试验机及挤压试验机等，它们能够模拟车辆在遭遇碰撞事故时电池可能遭受的各种物理损伤形式。同时，短路试验机与被动燃烧试验平台则专注于模拟电池在极端滥用情况下（如内部短路）可能产生的安全威胁。此外，充放电试验平台也扮演着重要角色，它允许进行电池的过充或过放测试，进一步探索电池在不当充放电操作下的行为表现，从而全面评估电池在各种滥用情形下的安全性能。

（二）软件仿真工具

仿真测试作为一种先进的测试方法，旨在通过模拟实际运行工况来评估系统性能。根据实施手段的不同，仿真测试可细分为硬件仿真与软件仿真两大类别。硬件仿真侧重于根据具体运行条件设定测试标准，并借助专门的测试设备来重现这些条件，从而达成仿真目的。而软件仿真则侧重于对研究对象进行精确的数学建模，依据实际工况设定模拟参数，借助仿真软件进行深入分析。在实际应用中，这两种方法往往相辅相成，共同构建复杂的仿真测试环境，以应对多样化的测试需求。

针对动力电池领域，仿真软件的选择亦因实验目标而异。对于电池单体性能的仿真分析，LabVIEW 与 MATLAB/Simulink 等软件因其在数据处理与模型搭建方面的优势而备受青睐。当涉及动力电池系统与电动汽车整体性能的匹配与运行仿真时，Advisor 与 MATLAB/Simulink 等软件则能够提供从系统级到控制策略的全面模拟能力。此外，针对动力电池被动安全性的评估，ANSYS 等有限元分析软件凭借其在复杂结构应力、热传导等方面的强大计算能力，成为不可或缺的工具。

1. MATLAB/Simulink 仿真平台

MATLAB，作为业界领先的通用计算工具，其简洁直观的语法风格与贴近自然数学表达的特性，加之庞大的专业函数库资源，不仅深受科研工作者青睐，更已成为科学探索、数值分析、建模仿真及学术交流领域公认的标准平台。而 Simulink，这一根植于 MATLAB 的图形化仿真环境，专为动态系统建模、仿真及综合分析量身打造，其方框图式的建模方式直观契合工程实践，使得复杂系统的构建变得直观易懂。

Simulink 的广泛适用性体现在它能覆盖从连续到离散、从条件执行到事件驱动、从单一速率到多速率乃至混杂系统的全方位建模需求，广泛应用于航空动力学、卫星导航控制、通信网络技术、船舶与汽车工程等多个领域。通过其直观的拖放式图形界面及丰富多样的功能块库，用户几乎无须编写代码即可高效构建复杂动态系统的模型，极大地简化了建模流程，提升了工作效率。

如今，MATLAB/Simulink 的应用边界已远远超越传统的数值计算和控制系统仿真范畴，渗透至理工学科的各个角落，构建起庞大的专业工具与函数库体系，成为科研与工程设计中不可或缺的计算与仿真工具。特别是在电动汽车领域，利用 MATLAB/Simulink 环境编程构建电池模型，为电动汽车电源系统提供精确高效的仿真解决方案，进一步推动了该领域的技术创新与发展。

2. LabVIEW 测试仿真平台

LabVIEW 这一革命性的图形化编程语言平台，已在全球范围内赢得了工业界、学术界及科研领域的广泛认可与采用，确立了其在数据采集与仪器控制领域的标杆地位。

LabVIEW 集成了全面的硬件通信能力，无缝支持多种行业标准协议，同时内置了丰富的库函数，轻松对接现代软件技术标准，极大地拓宽了其在网络互联与自动化控制方面的应用潜力。其独特的图形化编程界面，不仅简化了复杂编程过程，使得即便是非专业程序员也能快速上手，而且通过直观、生动的图形元素构建虚拟仪器，极大地提升了开发体验与效率，让科学探索与工程实践变得更加趣味盎然。

3. Advisor 软件仿真平台

Advisor，作为一款自 1994 年起便引领潮流的电动汽车仿真软件，不仅享有广泛的用户基础，更是全球范围内唯一可从网站免费获取的此类软件，其普及度与影响力不言而喻。Advisor 的核心优势在于其高效的分析能力，它能够在预设的驾驶循环下，综合考量车辆各部件的性能表现，迅速评估汽车的燃油经济性、动力输出及排放特征。此外，它还赋予了用户极高的自由度，允许对自定义驱动系统架构及整车控制策略进行深度建模与仿真分析。

具体而言，Advisor 的功能覆盖全面且深入：它既能模拟车辆在不同驾驶循环下的经济性与排放表现，通过调整零部件及控制参数，直观展现这些变化如何影响车辆性能，并动态对比不同参数设置下的仿真结果；又能精确评估车辆的动力性能，包括加速与爬坡能力，深入探究各部件参数及控制策略调整对动力输出的影响；同时，它还具备分析各部件间输入输出变量（如转矩、功率、速度）相互关系的能力，展现这些变量如何随循环时间或车速变化。

尤为值得一提的是，Advisor 还能根据预设的加速与爬坡性能指标，自动优化车辆零部件参数配置，这一功能在车辆设计的初步阶段尤为关键，有助于快速验证零部件匹配的合理性。此外，在混合动力汽车领域，Advisor 更是评价与优化整车能量管理策略（控制策略）的强大工具，它能够在满足车辆动力性需求的前提下，对控制策略进行细致入微的评估与调整。

技术层面，Advisor 采用了后向仿真为主、辅以前向仿真的混合建模策略，这一设计巧妙地结合了两种仿真方法的优势，既确保了计算的高效性，又提升了模型的灵活性与可扩展性。其模型库中蕴含丰富的汽车 Simulink 模型资源，用户可根据实际需求轻松修改现有模型或创建全新模型，实现高度个性化的汽车仿真体验。

4. ANSYS 有限元仿真平台

有限元分析作为一种现代计算技术，其起源可追溯至 20 世纪 50 年代，最初应用于飞机结构的静、动态特性分析，随后迅速扩展至热传导、电磁场、流体力学等多个连续性问题领域。ANSYS 软件，作为集结构、流体、电磁场、声场分析功能于一身的大型通用有限元分析工具，不仅与众多主流 CAD 软件实现无缝数据交互，还成了现代产品设计流程中不可或缺的高级辅助工具。

针对动力电池的性能评估，ANSYS 软件提供了多样化的分析手段，其中尤为关键的是碰撞安全分析与电池热特性分析（热分析）。在结构静力学分析方面，ANSYS 能够精准计算外载荷作用下的位移、应力和反作用力，既支持线性分析也涵盖塑性、蠕变等非线性复杂情况，适用于评估惯性及阻尼效应不显著的结构响应。对于结构动力学分析，该软件则擅长处理随时间变化的载荷对结构的影响，包括瞬态动力学、模态分析、谐波响应及随机振动等多种类型，全面捕捉动态载荷下的结构行为。

此外，ANSYS还具备强大的动力学分析能力，能够模拟大型三维柔体运动，解析复杂结构在空间中的运动轨迹及其伴随的应力、应变变化，适用于分析运动累积效应显著的情况。在热分析领域，ANSYS支持热传导、对流、辐射三种基本热传递方式的稳态与瞬态、线性与非线性分析，更进一步地，它还能模拟材料相变过程及热应力与结构应力的耦合效应，为动力电池的热管理设计提供科学依据。

第三章

新能源汽车的动力电池的分类

第一节　蓄电池

一、蓄电池性能指标

蓄电池作为电能存储的关键装置，其核心功能在于实现电能与化学能之间的可逆转换。充电时，外部输入的电能驱动蓄电池内部活性物质发生化学反应，将电能高效转化为化学能并储存起来；放电时，这一过程逆向进行，蓄电池释放储存的化学能，通过化学反应转化为电能输出，供外部设备使用。这种电能与化学能之间往复变换的机制，构成了蓄电池工作的基本原理，使其能够循环使用，成为将化学能直接转换为电能的理想能源载体。随着蓄电池技术的不断进步，特别是在比能量和比功率方面的显著提升，电动汽车的动力性能得到了前所未有的增强，单次充电后的行驶里程显著延长，且这一优化趋势仍在持续进行中，不断推动着电动汽车行业的革新与发展。

蓄电池主要性能指标如下。

（一）电压

1. 电动势

电池正极和负极之间的电位差。不同电池的电动势如表 3-1 所示。

电动势，这一物理量描述的是在一种理想化情境下——当电池外部所接负载的电阻趋于无穷大，以至于电池内部电阻的影响可以被完全忽略不计时，所测量得到的蓄电池两端的电压值。在这种特定条件下测得的电动势，其数值极为接近电池在开路状态下的电压，即开路电压，两者在数值上可以视为近似相等。

表 3-1　不同电池的电动势

电池	铅酸电池	镍镉电池	镍氢电池	锰钴锂电池	磷酸铁锂离子电池	钠硫电池
电压/V	2.1	1.2	1.2	3.7	3.2	2.1

2. 开路电压

电池在开路状态下所展现的端电压，通常与电池本身的电动势极为接近，两者数值上可视为近似相等。这是因为开路电压反映了电池在没有外部电流通过时的电势差，即电池内部正负极之间的电势差异。当使用万用表这类测量工具来检测蓄电池的开路电压时，由于万用表内部设计有极高的内阻，通常达到几十兆欧，这一阻值在实际测量中可以近似视为无穷大。因此，在忽略电池内部微小内阻的影响下，通过万用表测得的蓄电池端电压将非常接近于电池的真实电动势，从而提供了对电池电动势的准确估计。

3. 额定电压

电池在标准规定条件下工作时应达到的电压。

4. 工作电压

当电池的两端与负载电阻相连接，并处于放电工作状态时，此时在电池两端所测量到的电压值，我们称为负载电压，或更通俗地说，是对外放电电压。这一电压值直接反映了电池在承担电流输出任务时，其电势差的实际表现。

5. 终止电压

在遵循特定标准设定的放电条件下进行放电操作时，电池的电压会经历一个逐渐下降的过程。这一过程反映了电池在向外输出电能时，其内部储存的化学能逐渐转化为电能并被消耗的趋势。当电池继续放电至某一临界点，其电压降至一个不宜再行放电的水平，此时的电压值被定义为电池的终止电压。终止电压是电池使用过程中的一个重要参数，它标志着电池放电能力的极限，确保电池在不过度放电的情况下保护自身结构，延长使用寿命。

（二）电池容量

1. 理论容量

基于蓄电池内部活性物质的独特物理化学性质，通过应用法拉第定律这一电化学基本原理，我们可以推导出蓄电池理论上的最大容量极限，这一极限值即蓄电池的最高理论容量。为了量化评估这一性能，通常采用两种比值来表达：一是电池容量与电池质量的比，单位通常为安时每千克，这一指标直观反映了单位质量下电池所能存储的电能多少；二是电池容量与电池体积的比，单位则是安时每升，它衡量了单位体积内电池的储能效率。这两种表示方法共同构成了评价蓄电池能量密度的重要维度，对于指导蓄电池设计与优化、提升电动汽车续航能力具有重要意义。

2. 实际容量

在一定条件下所能输出的电量，等于放电电流与放电时间的乘积。

3. 标称容量

为了提供一个对电池容量的大致估算，业界引入了标称容量这一概念。由于标称容量并未指定具体的放电条件，它因此仅代表了一个电池容量的大致范围，而非精确数值。这一指标作为电池性能的一个参考点，有助于用户在不涉及详细放电测试的情况下，对电池的容量能力有一个基本的了解。

4. 额定容量

按一定标准所规定的放电条件，电池应该放出的最低限度的容量，也称为保证容量。

5. 荷电状态

荷电状态是衡量电池当前存储电量与其最大可存储电量之间比例的关键指标，通常以百分比形式表示。SOC 为 1 或 100% 时，表示电池处于完全充满状态。随着电池放电过程的进行，其内部存储的电荷量逐渐减少，SOC 的变化直接反映了这一动态过程，为评估电池剩余电量提供了直观依据。

值得注意的是，由于电池的实际存储电荷量及其当前最大可存储电荷量均为动态变量，因此，对 SOC 进行精确且实时的辨识成了电池管理系统中的一项核心技术挑战。为了优化电池性能并延长使用寿命，动力蓄电池的高效放电区间通常被设定在 SOC 的 50%~80%，而对于混合动力汽车的电池管理系统而言，这一区间则根据实际运行需求调整至 45%~85%，以确保电池在最佳工作状态下运行。

（三）能量

电池作为电动汽车的能量源泉，其存储的能量直接决定了车辆的行驶里程，这一能量的度量单位通常采用千瓦时，俗称"度"。关于电池的能量特性，有几个关键指标需要明确：

标称能量：这是指在标准化放电条件下，电池所能释放的总能量。具体而言，它是通过电池的额定容量（电池在特定条件下能够充放电的最大电量）乘以额定电压计算得出的。

实际能量：这一指标则更加贴近实际使用情况，表示在复杂多变的实际条件下，电池实际能够输出的能量。它基于电池的实际容量（实际充放电过程中可获得的电量）与平均工作电压的乘积来确定。此外，电池的总质量，包括其结构部件和电解质的质量，也是影响实际能量输出的重要因素。

能量/质量比（比能量）：该指标用于衡量动力电池组单位质量内所能提供的能量，是评估电池能量密度与轻量化水平的关键参数。

能量/体积比（能量密度）：与比能量类似，能量密度关注的是单位体积内电池所能输出的能量，是衡量电池空间利用效率的重要指标。在动力电池设计中，提高能量密度意味着在相同体积下能存储更多能量，这对于提升电动汽车的续航里程至关重要。

（四）功率

功率是衡量电池在一定放电条件下单位时间内能量输出能力的关键指标，它直接关联到混合动力汽车的加速性能表现。在评估电池性能时，两个重要的衍生参数尤为关键：

功率/质量比：这一指标反映了电池单位质量内蕴含的电能转换功率，简称"比功率"。比功率的高低直接体现了电池在轻量化设计下的能量输出效率，对于提升车辆的整体性能具有重要意义。

功率/体积比：亦称为功率密度，它关注的是电池单位体积内能够输出的电能功率。功率密度是衡量电池空间利用效率的关键参数，高功率密度意味着在有限的空间内能够部署更高性能的电池系统，进一步推动汽车动力性能的飞跃。

（五）电池的内阻

电流流经电池内部时，需克服电解液、隔膜及电极等介质产生的阻力，这种阻力被称为电池内阻，它直接导致了电池在放电过程中输出电压低于其电动势及开路电压，而在充电时则相反，端电压会高于电动势和开路电压。值得注意的是，不同类型的蓄电池内阻各异，且并非固定不变，而是随时间推移及电池使用状况逐渐变化。新电池在满电状态下内阻较小，而随着电池老化，其内阻会显著增大。为了精确获取蓄电池的内阻值，需借助专业的电池内阻测量仪进行检测，该仪器通过直接连接电池两端来准确测定其内阻。相比之下，万用表并不适用于测量电池类元件的内阻，原因在于电池自身即为电源，而万用表测量电阻时依赖其内部电源，被测元件需保持与万用表内电源隔离，以避免外部电源干扰测量结果。

（六）循环次数

循环寿命是衡量蓄电池性能优劣的核心指标之一，它指的是在既定充放电制度下，电池容量衰减至某一预设阈值（如初始容量的80%）之前，电池所能承受的完整充放电循环次数。在这一循环过程中，电池内部的化学活性物质经历着可逆的化学反应，其循环次数受多种因素影响，包括但不限于充电放电模式、操作温度以及放电深度，其中浅放电模式尤为有利于延长电池寿命。

对于电动汽车而言，电池组的实际运行环境，比如各单体电池间的均衡性、安装固定方式、所承受的机械振动以及电路布局等，均会对电池的循环使用次数产生显著影响。随着充放电循环的不断累积，电池内部的化学活性物质会逐渐老化变质，这一化学衰退过程直接削弱了电池的化学反应能力，进而导致充放电效率逐渐下滑，直至电池完全丧失功能，达到报废状态。因此，优化电池使用环境、采用合理的充放电策略对于提升电池循环寿命至关重要。

二、具体电池性能指标

各种单体储能装置的性能指标比较如表3-2所示，要注意的是电池成组后单体电池的容量和充放电次数会有较大幅度的下降。

表3-2 各种单体储能装置的性能指标比较

项目	铅酸电池	镍氢电池	磷酸铁锂离子电池
充电时间/h	4~12	12~36	3~4
充放电次数	400~600	>500	1000
工作电流	高	高	中
记忆效应	轻微	有	很轻微

项目	铅酸电池	镍氢电池	磷酸铁锂离子电池
月自放电	0.03%	20%	5% ~ 10%
能量密度/($W \cdot h \cdot kg^{-1}$)	30	60 ~ 80	100 ~ 200
功率密度/($W \cdot L^{-1}$)	<1000	>1000	>1000
安全性	一般	良	差
环境	有污染	基本无污染	基本无污染

初期电动汽车普遍采用的电源是铅酸电池，然而，随着电动汽车技术的飞速进步，铅酸电池因其比能量低下、充电效率低下以及循环寿命短暂等固有缺陷，已逐渐被市场淘汰，特别是从新能源汽车范畴中淡出，即便是搭载铅酸电池的低速电动汽车也不再被视为新能源车的代表。镍镉电池则主要局限于电动工具及电动叉车等特定领域，尚未在电动汽车领域获得广泛应用。

在电动汽车领域，动力电池作为核心能源组件，其工作模式以频繁且浅度的充放电循环为主，这一过程中伴随着电压与电流的显著波动。因此，电动汽车的动力系统对动力电池提出了三项严苛要求：首先，动力电池必须具备高比功率，以满足车辆对瞬时高能量输出的需求；其次，动力电池应展现出卓越的充放电效率，缩短充电时间，提升能源利用效率；最后，在快速充放电及多变的工况条件下，动力电池需保持性能的稳定，确保车辆动力输出的连续性与可靠性。

三、混合动力汽车对电池的基本要求

混合动力汽车对动力电池组提出了一系列独特且严苛的要求，以确保其既满足车辆性能需求又兼顾实用性。首先，电池须具备高比能量，这是确保混合动力汽车实现充足续驶里程的关键，具体要求连续 2 小时放电率下的比能量不低于 44W·h/kg。其次，充电效率至关重要，正常充电时间应控制在 6 小时以内，并支持快速充电技术，能在约 20 分钟内充至额定容量的 50%，甚至实现感应充电，以应对快节奏生活需求。再次，电池需适应高放电率场景，连续 1 小时放电率应达到额定容量的 70%，满足车辆加速等动态性能要求。最后，低自放电率是保障电池长期存放性能的重要指标。

此外，混合动力汽车的动力电池还需在常规环境条件下稳定运行，无须复杂运行环境支持，具备抗温变能力和保温热管理系统，以应对行驶中的震动挑战。安全性方面，电池系统需保持干燥清洁，电解质无泄漏风险，避免腐蚀，且具备高防火防爆性能，在事故中保护乘员安全。同时，电池材料需环保，便于回收处理，特别是有害重金属应集中回收，体现绿色制造理念。结构上，电池组应便于机械快速更换，简化线路连接，提升维护效率。最后，电池循环寿命需达到或超过 1000 次，且在整个使用寿命内无须额外维护或修理，确保车辆长期运行的可靠性和经济性。

四、电池开发

镍氢电池与锂聚合物电池是当前电动汽车领域内的主流选择，两者均以其高比能量、高比功率及快速充电能力著称，尽管各自面临成本较高与温度适应性限制的挑战——镍氢电池在高温下性能下降，而锂聚合物电池则在低温环境中表现不佳。因此，在电动汽车应用中，对电池箱内的温度进行有效管理显得尤为重要。

展望未来，电池技术的发展充满无限可能，尽管具体哪种电池将实现商业化尚存不确定性，但以下新型电池技术值得关注：镍/锌电池，以其高比能量、高比功率及成本优势脱颖而出，尽管循环寿命较短，但潜力巨大；锌/空气电池，采用独特的机械式充电方式，成本低廉且比能量极高，然而比功率较低且不支持能量回收，尽管如此，其潜力依然不可忽视；铝/空气电池同样采用机械充电，成本效益显著且比能量极高，但比功率极低且同样不具备能量回收能力，其未来应用潜力相对较低；钠/硫电池则在高比能量、高比功率与成本之间寻求平衡，但安全性问题及对热管理系统的需求是其商业化道路上需克服的障碍；最后，钠/氯化镍电池，以其高比能量与潜在的大规模应用前景引人瞩目，但同样面临高成本与热管理需求等挑战。

第二节　镍镉电池

镍镉电池，以其独特的碱性氢氧化物电解质中融合了金属镍与镉的特性而闻名，是电动汽车和混合动力汽车领域的优选电池类型之一。该电池展现出诸多优势：其轻便的体型、卓越的抗震性能以及高强度极板设计，确保了电池在多种复杂工况下的稳定运行；工作电压保持平稳，支持带电充电与快速充电操作，展现了良好的过充与过放承受能力，尤其适合需要高倍率放电的应用场景，其瞬时脉冲放电能力强大，深度放电性能亦佳。在耐用性方面，镍镉电池以其长达数年的循环使用寿命脱颖而出，其比能量高达 55W·h/kg，比功率则超过 190W/kg，为车辆提供了强劲而持久的动力支持。此外，采用全封闭外壳设计的镍镉电池，不仅能在真空环境下正常工作，还展现出优异的低温性能，确保了电池在广泛温度范围内的可靠性，同时支持长时间存放而不显著降低性能。

一、镍镉电池的结构及工作原理

镍镉电池因其氢氧化物中含有金属镍和金属镉而得名。

（一）正极

镍镉电池的正极材料为氢氧化镍和石墨粉的混合物。充电时为 NiOOH，放电时为

$Ni(OH)_2$。

（二）负极

镍镉电池的负极材料为海绵状镉粉末或氧化镉粉末以及氧化铁粉末。氧化铁粉末的作用是使氧化镉粉有较高的扩散性，增加极板的容量。

（三）电解液

镍镉电池的电解质体系通常由氢氧化钠或氢氧化钾溶液构成，为了进一步优化电池的储能能力与循环稳定性，电解液中常掺入少量氢氧化锂（添加量为每升电解液 15~20 克）。在镍电极的充电过程中，其内部发生的化学转化尤为复杂：$Ni(OH)_2$ 颗粒表层的 Ni^{2+} 离子释放一个电子转变为 Ni^{3+}，同时伴随电子通过正极导电网络与集流体流向外部电路；与此同时，$Ni(OH)_2$ 晶格中的 OH^- 解离出的 H^+ 穿越界面双电层融入电解液，与溶液中的 OH^- 结合生成水分子。这一过程首先作用于颗粒表层，导致表层 H^+ 浓度骤降，而内部仍保持高浓度 H^+，由此形成的浓度梯度促使 H^+ 由内向外扩散。然而，由于 $NiOOH/Ni(OH)_2$ 颗粒中 H^+ 的扩散系数较低，极端情况下表层 H^+ 可能完全耗尽，促使 $NiOOH$ 转化为 NiO_2，尽管 NiO_2 不稳定，易分解产生氧气，但这并不标志着充电终结，因析氧现象在充电初期即可出现。

另一方面，镉电极的放电机制遵循溶解—沉淀原理：镉在放电时被氧化后进入溶液，随后这些离子在溶液中过饱和时以 $Cd(OH)_2$ 的形式沉淀于电极表面。这一过程不仅限于电极表层，随着电极电势的增强，内部海绵状镉粉末也逐步通过溶解－沉淀机制转化为 $Cd(OH)_2$，实现活性物质的全面放电。值得注意的是，附着于电极上的 $Cd(OH)_2$ 形成的多孔结构促进了溶液中 OH^- 向电极内部的渗透，从而加速了放电反应的进行。

二、镍镉电池的分类

（一）有极板盒式

有极板盒式电极是将正负极活性物质填在穿孔的镀镍钢带做成的袋式或管式壳子里。广泛使用在 5~1000A·h 容量的蓄电池里。

（二）无极板盒式

无极板盒式电池根据其活性物质的处理方式，可分为压成式、涂膏式、烧结式及半烧结式四种主要类型。具体而言，压成式电池直接采用干粉法将活性物质压缩成型，无须额外骨架支撑；涂膏式电池则是将活性物质与黏结剂混合制成膏状，随后均匀涂抹于特定骨架之上；烧结式电池则通过高温处理镍粉，首先烧结成多孔基板骨架，再将活性物质填充至这些孔隙之中，以增强结合力与导电性；而半烧结式电池则是正极采用烧结式工艺，即多孔基板填充活性物质，而负极则采用涂膏式，即将活性物质膏体涂覆于骨架表面，以实现特定性能的优化组合。

（三）双极性电极叠层式

双极性电极叠层构造的镍镉电池，其独特设计体现在一边作为负极，另一边作为正极，中间巧妙隔以浸满电解液的隔膜，层层叠加而成。这种电池在性能上展现出鲜明的优缺点，其主要特性概括如下：首先，镍镉电池以其超长的循环寿命著称，能够承受高达 2000 次的充放电循环或长达 7 年以上的服务期，展现了卓越的耐用性。其次，其全封闭外壳搭配特殊密封圈与密封剂，确保了优异的密封性能，不仅防止了电解液的泄漏，还使得电池能在真空环境中稳定运行，无须维护电解液。再次，镍镉电池自放电率低，储存寿命长久且条件宽松，即便长期闲置也能迅速恢复原有性能，适合各种存储需求。复次，它拥有广泛的温度适应性，无论是高温还是低温环境，都能保持稳定的工作状态，特别是高温型电池，能在极端温度下高效运行。最后，镍镉电池内阻小，支持大电流充放电操作，且对过充、过放电具备良好的耐受性，使用简便灵活，这些特点使得它在多种应用场景中展现出独特的优势。

三、镍镉电池的基本性能

（一）充放电性能

镍镉蓄电池的标准电动势设定为 1.299V，而其额定电压则通常标示为 1.2V，在实际使用中，其平均工作电压范围维持在 1.20 ~ 1.25V。新充满电的镍镉电池往往展现出较高的开路电压，这一数值可轻松达到 1.4V 甚至更高，但随着时间的推移，若电池处于静置状态，其开路电压会逐渐回落至大约 1.35V。

在充电过程中，若采用 0.5C 的充电倍率，初始阶段电池电压约为 1.3V，随后在充电进程中，电压会稳步攀升至 1.4 ~ 1.6V，并保持在这一水平相当长的一段时间。直至电池充电容量完全达到其额定值的 100%，此时电压会经历一个短暂的急剧上升阶段，随后迅速回落。

反观放电过程，镍镉电池的放电曲线显得尤为平稳，电压在整个放电周期内基本保持恒定，直至接近放电终止点，此时电压会突然骤降。具体而言，在 0.2C 的放电倍率下，电池电压能稳定维持在约 1.2V 的水平，直至放电结束。

（二）倍率持续放电特性

镍镉电池允许大电流放电而不会损坏，允许放电倍率在 10C 以上。大电流放电时，电压下降很快，电池可放出的能量下降。

（三）高低温放电性能

镍镉电池的容量受温度影响显著，表现为在一定温度区间内，随着温度的升高，电池容量有所提升，温度促进了电池内部化学反应的速率。然而，当温度下降时，电解液的电阻增大，阻碍了离子传导，进而导致电池容量相应减少。然而，值得注意的是，当温度升至50℃以上时，一系列负面效应开始显现：正极开始析出氧气，伴随着过电势的降低，使得正极充电过程变得不完全，影响了电池的整体性能；同时，高温加剧了镉的溶解过程，使其更容易迁移到隔膜之中，形成镉枝晶，这不仅减少了活性物质的有效利用，还可能引发蓄电池内部的微短路现象，严重威胁电池的安全与寿命。此外，持续的高温环境还会加速镍基板的腐蚀过程以及隔膜的氧化降解，这些不利因素共同作用，最终导致蓄电池性能急剧下降乃至失效。

（四）耐过充电和过放电性能

镍镉蓄电池具有很好的耐过充电和过放电的能力。1C恒电流持续充电2 h，或强迫过放电不超过2h，蓄电池不会损坏。

（五）记忆效应

记忆效应是镍镉电池特有的一种现象，它源于长期不完全的充电与放电循环，导致电池内部形成固定的放电模式，进而限制了电池的实际可用容量。具体而言，若镍镉电池经常仅在释放其80%电量后便被充电，久而久之，即便电池完全充满，其后续放电时也只能达到先前所记忆的80%容量水平。这一现象的根本原因在于传统烧结式负极工艺中，粗大的镉晶粒在部分放电后即重新充电时容易团聚，形成次级放电平台，并被电池"记忆"为放电终点，限制了其完全放电潜力。随着不完全放电次数的累积，记忆效应加剧，电池容量逐渐衰减。

为预防记忆效应的发生，关键在于确保电池充分放电至接近或完全耗尽后再进行充电，或使用具备自动放电功能的充电器进行预处理。重要的是避免对电量未耗尽的电池进行重复充电，这是预防记忆效应的关键步骤。

至于消除已产生的记忆效应，主要有两种方法：一是通过小电流进行深度放电，直至电池几乎完全耗尽，以重置其放电记忆；二是采用大电流进行数次充放电循环，强制电池重新适应全范围的充放电过程。然而，需要注意的是，这些方法需遵循严格的操作规范与流程，不当操作不仅无法有效消除记忆效应，反而可能进一步损害电池性能。

（六）镉金属的毒性

镉，作为镍镉电池的关键组成成分，其存在虽保障了电池的性能，却也潜藏着不容忽视的环境与健康风险。高浓度镉对自然生态系统构成严重威胁，能显著抑制植物生长，影响其正常发育，并通过生物链逐级积累，最终侵入人体，对人类健康造成长远伤害。科学研究揭示，镉在人体内滞留时间极长，半衰期可达几百年，累积效应可延续数十年，导致包括骨痛病、肾功能损害、消化系统紊乱及心血管功能异常在内的多种健康问题，甚至诱发癌症。更为严峻的是，镉及其化合物属于难以自然降解的环境污染物，长期滞留于环境中，对生态平衡构成持续威胁。鉴于此，众多发达国家已采取措施，呼吁或限制镍镉蓄电池的使用，强调环境保护的重要性。因此，在镍镉电池达到使用寿命后，必须实施严格的回收处理流程，以防止重金属镉泄漏至环境，减轻其对自然与人类的双重危害。

四、镍镉电池的回收

（一）镍镉电池的回收处理程序

在镍镉电池回收过程中，为了有效提取 Ni、Cd、Fe 等，通常采用一套系统化的处理程序。首先，通过机械手段进行电池的初步拆解，移除支架与壳体等大尺寸部件，同时排空内部 KOH 电解液，该电解液随后经过酸中和处理转化为钾盐后被安全处置。其次，利用粉碎与筛分技术，结合物料的粒度差异与磁化率特性，实施物理分离步骤，将电池材料细分为细粒电极物料、粗粒不锈钢及铁废料，以及塑料碎片。对于不锈钢与铁废料，经过酸中和与水洗流程后，可分别进行回收再利用；而塑料碎片则另行处理。最后，针对活性电极材料，采用化学冶金方法进一步加工，通过复杂的化学反应提取出金属镉、镍或其化合物试剂，从而实现电池中有价值组分的全面回收与资源化利用。

（二）镍镉电池的回收工艺

废弃镍镉电池再生利用技术一般分为火法冶金和湿法冶金两大类型。

1. 火法冶金

火法冶金技术是一种针对废旧镍镉电池中金属资源回收的有效方法，它涉及金属及其化合物在高温下的氧化、还原、分解、挥发及冷凝过程。鉴于镉的沸点显著低于铁、钴、镍等金属，该工艺巧妙地利用这一特性，在预处理后的废旧镍镉电池中加入还原剂（如氢气或焦炭），随后加热 ~900 至 1000℃，促使金属镉以蒸气的形式逸出，随后通过冷凝手段收集回收。与此同时，铁与镍则主要以铁镍合金的形式存在，便于后续分离回收，从而实现了镉与镍、铁等关键金属的有效分离与资源再利用。

火法冶金技术包含常压冶金与真空冶金两大分支，具有工艺流程相对简洁的优势，能够高效地回收镉金属，有助于减少镉对环境的潜在污染。然而，这一方法也面临能耗较大的挑战，因为它需要在极高的温度下操作，这不仅增加了能源消耗，还伴随着大量高温含尘炉气的产生，对环境造成一定负担。此外，火法冶金在金属回收率和产品纯度方面仍有提升空间，需要不断优化工艺参数和后续处理步骤，以进一步提升其经济效益和环境友好性。

2. 湿法冶金

湿法冶金技术针对废旧镍镉电池的回收，核心在于利用金属及其化合物在特定溶液中的溶解性，通过一系列精细化学处理手段实现有价金属的高效回收，同时减轻环

为 Ni(OH)$_2$；负极则在充电过程中吸收氢气，以 H$_2$O 的形式存在，实现能量的储存。这一过程在金属催化剂的辅助下，完成了充电与放电的可逆化学反应。值得注意的是，镍氢电池的极板构造分为发泡体和烧结体两种，其中发泡体极板的电池在出厂前需经历预充电处理，以确保其性能稳定，避免因长期存放导致的内阻上升。此外，发泡镍氢电池在工作时需注意其放电电压不应低于 0.9V，以维持其工作电压的稳定性。

二、镍氢电池的充放电特性

（一）镍氢电池的充电特性

镍氢电池的充电过程充满了复杂的电化学变化，其电压响应特性尤为显著。充电初期，由于 Ni（OH）$_2$ 的导电性极差，而充电产物 NiOOH 的导电性显著提升至前者的十倍，导致电压迅速攀升。随着 NiOOH 的生成，导电性改善，充电电压上升速率减缓，电压曲线趋于平稳。然而，当充电接近电池额定容量的 75% 时，储氢合金中氢原子的扩散速率减缓，加之氧在合金中的扩散受限于负极反应速度，且正极开始析出氧气，共同作用下，充电电压再次急剧上升。一旦充电量超越电池设计容量，即进入过充阶段，此时正极析出的氧在负极储氢合金表面发生还原反应，导致负极电位正向偏移，电池温度骤升。由于镍氢电池具有负的温度反应系数，这反而促使充电电压下降。

在镍氢电池的充电管理中，恒流充电是常用方式，而充电过程中达到的最高电压则是评估电池性能的关键指标之一。为了精确控制充电终点，多种策略被采用：定时控制，即预设充电时间以充入略超过额定容量的电量；最高温度控制，监测电池温度，避免高温充电，通常 60℃ 时停止充电；电压峰值控制，检测充电过程中电压达到并维持峰值的状态作为充电结束的标志；温度变化率控制，通过电池温度变化率的峰值来判断充电完成；温度差控制，基于电池满电时与环境温度之差来确定充电终点；以及电压降控制，利用电池充满后电压峰值随即下降的特性来指示充电结束。这些控制方法各有利弊，共同确保了镍氢电池安全、高效的充电过程。

（二）镍氢电池的放电特性

镍氢电池的工作电压定为 1.2V，这一数值特指其在放电过程中的平台电压，是衡量镍氢电池性能优劣的关键指标之一。镍氢电池的放电表现并非一成不变，而是受到放电电流强度、环境温度以及其他多种外部条件的共同影响。具体而言，随着放电电流的增大和环境温度的下降，电池的放电电压与放电效率均会有所降低，这一现象反映了电池内部化学反应速率受外部条件制约的特点。值得注意的是，长期以较大电流进行放电操作，还会对镍氢电池的循环寿命产生不利影响，加速其性能衰退。

在实际应用中，为了平衡电池容量的有效利用与防止过放电的风险，通常会设定一个合理的截止电压范围，一般在 0.9～1V。若截止电压设定过高，虽然能够增加电池的可用容量，但也可能导致电池无法及时停止放电，进而引发过放现象，损害电池健康；反之，若截止电压设定过低，虽然可以避免过放，但也会限制电池容量的充分发挥，降低使用效率。因此，合理设定截止电压对于保障镍氢电池的安全稳定运行至关重要。

三、影响镍氢电池放电容量的因素

电池的实际可用容量虽受理论最大容量的根本制约，但其具体表现却深受实际放电机制及操作工况的直接影响。在高倍率放电情境下，即电池面临大电流输出需求时，电极的极化现象加剧，内部电阻随之增大，直接导致放电过程中电压迅速衰减，进而降低了电池的整体能量转换效率。这种条件下，电池的实际放电容量往往无法达到其额定值。相反，在低倍率放电条件下，放电过程平稳，电压下降缓慢，使得电池能够更充分地释放其储存的能量，因此实际放出的容量往往超出其额定容量。此外，对于镍氢电池而言，其充电电流的大小、搁置时间的长短、放电终止电压的设定以及放电电流的强度等因素，均会对电池的放电容量产生显著影响，这些因素的综合作用进一步复杂化了电池实际容量的预测与管理。

（一）充电电流对放电容量的影响

在镍氢电池的充电过程中，负极反应方程式中涉及的电荷消耗直接导致了氢氧根离子的生成，这一过程的一个固有特性是，所消耗的电荷无法完全回收再利用于后续放电，因此，从能量转换的角度来看，镍氢电池的充电效率始终无法达到100%。当充电电流倍率提升时，电极极化现象加剧，这不仅增加了电池内阻，还促进了氧气析出的复合反应，这一副作用直接削弱了电池的充电效率并降低了其放电容量。

基于上述电化学原理，镍氢电池的放电容量与充电容量之间呈现出一种动态关系：随着充电过程的推进，电池的荷电状态逐渐升高，电池的可放电容量也随之增加。在充电初期，由于电池内部状态较为均衡，可放电容量的增长速度相对较快。然而，随着充电过程的深入，特别是当复合反应开始显著时，可放电容量的增加速度逐渐放缓，直至最终达到一个稳定值，此时电池内部的化学反应达到新的平衡状态。

（二）搁置时间对放电容量的影响

搁置时间对镍氢电池放电容量的影响，核心在于电池自放电现象，这本质上关联到电池内部金属氧化物的不稳定性。这种不稳定性在电池刚完成充电或处于高荷电状态时尤为显著，导致初期自放电速率较高，随后随着时间推移逐渐趋于平稳和稳定状态。因此，镍氢电池的放电容量会随着搁置时间的延长而逐渐降低，特别是在搁置的初始阶段，由于金属氧化物的高度不稳定性，电池容量下降的速度相对较快。这一现象揭示了搁置时间作为影响镍氢电池性能的重要因素之一，需要在电池的实际应用与维护中予以充分关注和合理控制。

（三）放电电流对放电容量的影响

电池的内阻构成复杂，主要涵盖欧姆内阻与电化学极化内阻两大组成部分。欧姆内阻，作为电池固有属性之一，对于特定电池而言，其值保持相对恒定。而电化学极化内阻则呈现出更为动态的特性，它紧密关联于电池内部电化学反应过程中的极化状态，这种极化状态又深受放电电流强度的影响。具体而言，当放电电流增大时，电极的极化程度随之加剧，进而导致电化学极化内阻的增加。这种内阻的上升直接反映在电池端电压的下降上，即在相同的外部条件下，电池能够提供的电压输出降低。对于采用相同放电终止电压标准的测试而言，电化学极化内阻的增大最终表现为放电容量测试结果的缩减，即电池在放电过程中实际释放的电能减少。

（四）放电终止电压对放电容量的影响

放电终止电压是调控放电过程的关键因素之一，它直接决定了放电时长。鉴于放电容量本质上是放电电流与放电时间的乘积，因此，随着放电终止电压的调低，放电时间得以延长，进而促使放电容量相应增加。然而，对于镍氢电池而言，其放电电压并不能无限制降低，通常会被设定在一个合理的范围内，如 0.9V 左右，以确保电池性能与寿命的平衡。若放电电压设置过低，将可能引发过放电现象，这不仅会损害电池内部结构，还会显著缩短镍氢电池的使用寿命，因此，在实际应用中，合理设定放电终止电压至关重要。

四、镍氢电池的内压和温度特性

镍氢电池的内压形成机制主要源于充放电过程中正极氧气的析出与负极氢气的产生，这一现象持续存在但通常保持在安全范围内。然而，在极端充放电条件下，如过充或过放，电池内压会异常升高，构成潜在的安全隐患。特别是当电池处于过充状态时，内压急剧上升，显著增加了安全风险。此外，电池的充电方式、荷电状态以及循环使用次数均对内压有显著影响，随着充电量超过额定容量或循环次数增加，内压逐渐累积，且氢氧气体比例发生变化，进一步加剧内压上升。电解液的量也是关键因素之一，过多电解液会直接导致内压显著升高。

在温度管理方面，镍氢电池展现出对环境温度的敏感性。中高温环境下，合金中氢原子的扩散加速，电解液电导率提升，有助于提升电池的放电容量。然而，当温度超过一定阈值（如45℃），尽管电导率增加，但电解液溶剂的快速蒸发导致欧姆内阻上升，两者效应相互抵消，使得放电容量不再显著增长。存储温度同样关键，镍氢电池适宜在 −20~45℃ 存放，最佳温度为 10~25℃。极端低温下，电解液凝固，内阻剧增，电池可能遭受不可逆损害；而高温环境则加速电池自放电，引发电解液副反应，产生气体并促使电极材料变质，最终导致电池性能衰退乃至失效。因此，合理控制充放电条件及存储环境对保障镍氢电池的安全与性能至关重要。

五、镍氢电池的自放电和储存性能

镍氢电池的自放电现象是一个复杂过程，受电极材料特性、制造工艺精度、储存环境条件等多重因素共同制约。其中，储氢合金电极是控制自放电的关键，其自放电可分为可逆与不可逆两部分：可逆部分源于电极合金平台压力高于电池内部压力导致的自然放电；不可逆部分则因合金持续氧化而失效。

自放电速率主要受储存温度和湿度的影响。高温会激发正负极材料的反应活性，加速电解液离子传导，同时削弱隔膜强度，显著提升自放电速率；极端高温甚至能破坏电池内部化学平衡，引发不可逆反应，严重损害电池性能。高湿度环境同样加速自放电过程。因此，低温和低湿条件有利于降低自放电率，延长电池储存寿命，但过低温度也可能诱发电极材料的不可逆变化，需权衡考量。

为改善镍氢电池的自放电问题，可采取多种措施：选用丙烯酸改性聚丙烯隔膜以提升荷电保持能力；调整合金组分，确保平台压力低于电池内压，减少可逆自放电；优化电池化成方法等。储存时，应确保电池处于清洁、凉爽、通风的环境中，温度控制在 10~25℃，避免超过 30℃，相对湿度不超过 65%。长期储存的电池建议预充 50% 至 100% 电量，并至少每 3 个月充电一次，以防自放电导致的过放及电解液腐蚀、漏液等问题，确保电池性能不受损害。

六、镍氢电池的循环寿命

镍氢电池的循环寿命深受充放电条件、环境湿度与温度以及使用方法等多种因素的影响。在当前的技术条件下，遵循标准充放电流程，镍氢电池能够实现超过 500 次的充放电循环，展现出卓越的耐久性。特别是在电动车辆的应用场景中，通过采取浅充浅放的策略，即将 SOC 维持在 40%~80% 使用，镍氢电池的使用寿命更是被显著延长，普遍可达 5 年以上，甚至突破 10 年的大关。

然而，镍氢电池在使用过程中也面临着失效的风险，其原因复杂多样。首先，电解液的损耗是重要因素之一。在充放电循环中，电解液会在电极与隔膜间重新分布，导致表面积与孔隙率增加，电极膨胀，进而引发内压上升和气体泄漏，最终造成电解液量减少，内阻增大，电导率下降。其次，电极材料的劣化同样不可忽视。经过多次循环后，负极中的锰、铝发生偏析溶解，储氢合金表面遭受腐蚀氧化，形成氢氧化物层，合金体积变化导致粉化，严重削弱了电池的吸氢放氧能力。最后，隔膜的变化也对电池寿命构成威胁。随着循环次数增加，隔膜结构受损，保液能力下降，自放电加剧，同时电极材料脱落堵塞隔膜孔隙，阻碍气体传输，进一步增大内阻，损害充放电性能，最终导致电池失效。

第四节　锂离子电池和锂离子电池箱

一、锂离子电池的构成、分类及工作原理

（一）锂离子电池的构成

典型的锂离子电池结构精密，核心组件包括两个关键电极——负极与正极，它们被巧妙地嵌入充满有机电解液的隔膜，共同密封于一个隔绝空气的外壳内。电极的构造尤为复杂，采用了金属箔（铜或铝作为集流体）涂敷的复合材料形式，这种复合材料集成了锂离子嵌入活性物质、增强电子传导性的导电剂，以及确保各组分紧密结合的黏合剂。在活性材料的选择上，负极倾向于使用石墨，而正极则普遍采用含锂的过渡金属氧化物，这些材料的选择直接决定了电池的性能特性。

从更宏观的层面来看，锂离子电池由电芯与保护板 PCM 两大核心部分组成。电芯，作为锂离子电池的"心脏"，汇聚了正极材料、负极材料、电解液、隔膜等核心元素，共同驱动电池的能量转换与储存。而保护板 PCM，则扮演了"大脑"的角色，通过集成保护芯片（或管理芯片）、MOS 管、精密电阻、电容以及 PCB 板等元件，对电池的工作状态进行实时监控与智能管理，确保电池运行的安全与高效。这两大系统的紧密协作，共同构成了锂离子电池这一现代能源存储解决方案的基石。

1. 锂离子电池正极材料

正极材料作为锂离子电池的核心组成部分，其性能直接关乎电池的能量密度、充放电效率、安全性及成本等关键指标，是推动锂离子电池技术进步与商业化应用的关键驱动力。正极材料的种类，如锰酸锂、磷酸铁锂、钴酸锂、镍酸锂及镍钴锰酸锂（三元锂），各自拥有独特的理论能量密度，选定某种材料即限定了电芯能量密度的潜在上限。此外，材料的用量设计、加工过程中的振实密度等因素也显著影响最终电芯的能量密度。

为实现正极材料在锂离子电池中的最佳表现，不仅需优化材料的基本组成，还需深入调整其晶体结构、颗粒形态与表面化学特性，以及提升材料的堆积与压实密度，同时严格控制生产流程中微量金属杂质的引入。稳定且高效的大规模生产能力，是确保正极材料在电池制造中性能一致性的基石。

理想的正极材料应具备高比能量以延长电动车续航里程，大比功率以提升加速与爬坡能力，低自放电率保障电动车安全，同时兼顾成本效益、长使用寿命及良好的安全性。此外，环保友好与易于回收再利用也是不可忽视的重要因素。

展望未来，通信电池领域正极材料的发展趋势指向三元锂与镍酸锂作为钴酸锂的潜在替代品。三元锂以其更高的安全性和成本优势脱颖而出，而镍酸锂则以其更高的

容量成为另一有力竞争者，两者均有望引领锂离子电池正极材料的新一轮革新。

2. 锂离子电池负极材料

负极材料，作为锂离子电池充放电循环中的核心组件，担当着锂离子与电子传输的桥梁，是能量储存与释放的关键。在电池的整体成本构成中，负极材料占据了不可忽视的 5% ~ 15%，凸显了其在锂离子电池产业链中的重要地位。

当前，全球锂离子电池负极材料市场的主导地位仍被天然石墨与人造石墨牢牢占据，这两种传统材料凭借其成熟的技术工艺和稳定的性能表现，赢得了广泛的市场认可。然而，随着科技的不断进步和新能源产业的快速发展，一系列新型负极材料正逐渐崭露头角，展现出强劲的增长势头。

其中，中间相炭微球、钛酸锂、硅基负极、硬碳/软碳以及金属锂等新型负极材料，凭借其独特的性能优势和广阔的应用前景，正在逐步扩大市场份额。这些新材料在能量密度、循环稳定性、安全性能等方面展现出显著优势，为锂离子电池性能的进一步提升提供了可能。

综上所述，负极材料作为锂离子电池的重要组成部分，其市场格局正经历着从传统到创新的深刻变革。未来，随着新能源技术的持续突破和市场需求的不断扩大，负极材料领域有望迎来更加多元化、高性能的发展新篇章。

（1）锂离子电池对负极材料的要求

理想的锂离子电池电极材料须具备多项关键特性以确保其高性能与实用性。首先，材料应允许大量 Li^+ 实现快速且可逆的嵌入与脱出过程，这是实现高容量密度的基础。其次，Li^+ 的嵌入与脱出过程应具备良好的可逆性，且主体结构应保持稳定或仅有微小变化，以维持电池的长循环寿命。再次，在 Li^+ 嵌入与脱出期间，电极电位的变化应尽可能小，以确保电池电压的稳定性，提供平稳的充放电体验。

复次，电极材料的表面结构需优化，形成稳定且致密的固体电解质中间相，该膜一旦形成后应避免与电解质等发生进一步反应，保护电极免受损害。Li^+ 在电极材料中的扩散系数应较大且变化幅度小，以促进快速充放电能力。负极基体中 Li^+ 的插入氧化还原电位应尽可能接近金属锂的电位，以提升电池的输入电压。插入化合物还须具备优异的电子电导率和离子电导率，以减少极化现象并支持大电流充放电操作，满足高功率需求。最后，从实际应用角度出发，材料应兼顾经济性与环保性，确保成本效益的同时减少对环境的影响，推动锂离子电池技术的可持续发展。

（2）锂离子电池负极材料的分类

锂离子电池的负极材料广泛涵盖碳类与非碳类两大类别。碳类负极材料主要包括石墨类，分为天然石墨与经特殊处理的人造石墨，它们虽具备优良的物理化学性质，但在作为负极时面临析锂、充放电倍率低及循环寿命受限等问题。非碳类负极材料则涵盖硬碳与软碳，硬碳因其高容量、良好循环性能及安全性而备受关注，尽管首效较低且成本较高，但通过优化工艺如降低比表面积、表面包覆等策略可望改善；软碳则多作为石墨制备的原料使用。

硅基负极材料以其超高的理论容量成为研究热点，预示着电池能量密度的巨大飞跃，然而其充放电过程中的体积膨胀问题严重制约了商业化进程。科研人员正探索纳米硅、多孔硅及硅基复合材料等技术路径，以缓解体积效应，提升循环稳定性。

锂金属负极材料，凭借极低的密度、高理论比容量及在锂硫、锂空气电池中的潜在应用，展现了诱人的前景，但锂枝晶等问题亟待解决。钛酸锂负极材料则以其尖晶石结构、高安全性、卓越的高倍率性能及长循环寿命脱颖而出，成为特定应用场合下的优选材料。

综上所述，锂离子电池负极材料的选择与优化是一个多学科交叉的复杂过程，旨在平衡性能、成本与安全性，推动电池技术的持续进步。

（3）锂离子电池负极材料的发展趋势

展望未来，锂离子电池负极材料的发展趋势将聚焦于提升高容量、高能量密度、高倍率性能及循环稳定性等关键指标。当前，碳类负极材料仍是锂离子动力电池的主流选择，但通过表面包覆改性技术，旨在增强其与电解液的兼容性，降低不可逆容量损失，并优化倍率性能，已成为提升负极材料性能的重要途径之一。

与此同时，针对钛酸锂负极材料，通过掺杂策略提高电子与离子的传导效率，是当前研究的一大热点，旨在进一步挖掘其潜力。硬碳、软碳及合金类负极材料，尽管拥有较高的理论容量，但循环稳定性方面的挑战依旧显著，相关改性研究正不断深入，力求突破这一瓶颈。随着市场对高能量密度电芯需求的日益增长，这些材料有望获得更多研发资源与应用机会。

值得注意的是，锂金属负极以其极高的能量密度而备受瞩目，然而，锂枝晶生长等安全问题仍是制约其大规模商业化的关键因素。尽管研究界正积极探索解决方案，但锂金属负极的实际应用仍需时间积累与技术突破。总体而言，负极材料领域的创新步伐正不断加快，旨在推动锂离子电池性能的全面跃升。

3. 锂离子电池电解液

（1）电解液的构成

锂离子电池的电解液构成复杂而精细，它融合了有机溶剂、锂盐和添加剂三大类关键组分。具体而言，有机溶剂部分主要包括环状碳酸酯类如碳酸丙烯酯、碳酸乙烯酯，以及链状碳酸酯类如碳酸二乙酯、碳酸二甲酯、碳酸甲乙酯，此外还涵盖短酸酯类。这些溶剂在电解液中扮演着溶解锂盐、促进离子传导的重要角色。

锂盐作为电解液的另一核心成分，常见的有六氟磷酸锂、四氟硼酸锂、双草酸硼酸锂、二氟草酸硼酸锂等，它们为电池提供了必要的锂离子源，是电化学反应不可或缺的一环。

最后，添加剂的加入则进一步丰富了电解液的功能性。这些添加剂种类繁多，包括但不限于成膜添加剂，用于在电极表面形成稳定保护膜；导电添加剂，旨在提升电解液的导电性能；阻燃添加剂，增强电解液的安全性，防止意外燃烧；过充保护添加剂，在电池过充时触发保护机制；改善低温性能的添加剂，确保电解液在低温环境下仍能保持高效工作；以及多功能添加剂，集多种效果于一身，全面提升电解液的综合性能。这些添加剂的巧妙运用，使得锂离子电池的电解液系统更加完善，满足了不同应用场景下的多样化需求。

（2）有机溶剂

在锂离子电池电解液的配制中，选择合适的有机溶剂至关重要，这些溶剂主要分为碳酸酯类和有机醚类两大类。为追求更优异的电解液性能，业界普遍采用多元溶剂体系，即混合两种或多种有机溶剂，旨在通过不同溶剂间的互补效应，达到整体性能的最优化。理想的有机溶剂须具备一系列关键特性：首先，应具备高介电常数，以确保对锂盐的高效溶解能力，这是电解液导电性的基础；其次，熔点应尽可能低而沸点高，确保电解液能在广泛的温度范围内保持液态稳定，适应不同环境条件下的使用需求；再次，低黏度是提升锂离子传输效率的关键，有助于实现快速充放电；复次，良好的化学稳定性不可或缺，需避免与正负电极材料发生反应，造成结构破坏或溶解；最后，从安全性与经济性角度考虑，溶剂应具有高闪点、低毒性且环保无污染，同时成本可控，以满足大规模生产与应用的需求。

（3）锂盐

锂盐作为锂离子电池电解液中的核心成分，可分为常规锂盐和新型锂盐两大类。理想的锂盐须具备一系列关键性质：首先，应具有较小的缔合度，确保易于溶解于有机溶剂中，从而维持电解液的高离子电导率；其次，其阴离子需展现出优异的抗氧化性和抗还原性，且还原产物需有利于形成稳定且低阻抗的固体电解质界面膜；再次，化学稳定性至关重要，需避免与电极材料、电解液本身及隔膜等发生有害的副反应；最后，从经济性与环保角度考虑，制备工艺应力求简单，成本需控制在合理范围内，且产品需无毒无污染。

不同种类的锂盐各具特色：$LiPF_6$ 作为应用广泛的锂盐，虽单项性能并非顶尖，但在碳酸酯混合溶剂电解液中展现出均衡且优异的综合性能。其优点包括在非水溶剂中的良好溶解度和高离子电导率，能在铝集流体表面形成稳定钝化膜，以及与碳酸酯溶剂协同在石墨电极表面生成稳定的 SEI 膜。然而，$LiPF_6$ 的热稳定性欠佳，易分解并产生副产物，这些副产物可能破坏 SEI 膜并溶解正极活性物质，进而影响电池的循环寿命。

相比之下，$LiBF_4$ 作为常用锂盐添加剂，工作温度范围更宽，高温下稳定性更佳，且低温性能也表现优异。LiBOB 则以其高电导率、宽电化学窗口及卓越的热稳定性脱颖而出，尤为值得一提的是其卓越的成膜能力，能直接参与 SEI 膜的形成过程。而 LiDFOB，作为 LiBOB 与 $LiBF_4$ 结构上的创新融合，兼具了两者的优点：不仅继承了 LiBOB 的优异成膜特性，还吸收了 $LiBF_4$ 在低温下的良好性能。此外，LiDFOB 在链状碳酸酯溶剂中的溶解度和电解液电导率均有所提升，其高温与低温性能均优于 $LiBF_6$，且与电池正极材料相容性佳，能在铝集流体表面形成钝化膜，有效抑制电解液的氧化。

（4）添加剂

添加剂作为锂离子电池电解液中的关键组分，尽管用量微小，但其效果却极为显著，是一种经济高效的性能提升策略。理想的电解液添加剂须具备高溶解度于有机溶剂、少量添加即能显著改善电池性能、不与电池其他成分发生有害反应以及成本低廉、无毒或低毒等特点。根据功能不同，添加剂可分为导电添加剂、过充保护添加剂、阻燃添加剂及 SEI 成膜添加剂等几大类。导电添加剂通过配位反应提升电解液电导率，增强倍率性能；过充保护添加剂则通过氧化还原反应或聚合反应防止电池过充损害；阻燃添加剂旨在提高电解液安全性，通过形成隔绝层或捕捉自由基来阻止燃烧；而 SEI 成膜添加剂则促进形成稳定有效的 SEI 膜，优化电池循环寿命和倍率性能。展望未来，电解液的发展将聚焦于匹配高电压正极与硅碳负极，解决硅负极体积膨胀引发的 SEI 膜不稳定问题。添加剂作为电解液性能优化的核心，其发展将直接影响电解液的综合性能，是推动高性能电解液研发的关键所在。

4. 锂离子电池的隔膜

在锂离子电池的精密构造中，隔膜占据着举足轻重的地位，它作为一种精心设计的高分子微孔薄膜，不仅是电池内部的关键屏障，也是保障电池性能与安全的基石。这层薄膜独特的微孔结构精妙地允许锂离子顺畅穿梭，却有效阻隔了电子的通行，从而确保了电化学反应的有序进行。隔膜的离子传导效率直接映射出电池的整体表现，它如同一道智能闸门，在电池遭遇过充或升温异常时，能够即时限制电流激增，有效预防短路引发的爆炸风险，其微孔自闭机制为电池用户及关联设备提供了坚实的安全护盾。

隔膜的物理与化学特性深刻影响着电池的多维度性能，包括但不限于容量、循环寿命及安全稳定性。鉴于锂离子电池特有的有机电解液环境，隔膜材料的选择尤为严苛，必须具备卓越的耐有机溶剂性能。因此，高强度且薄膜化的聚烯烃多孔膜成了锂离子电池隔膜的首选，这种材料不仅满足了电解液兼容性的要求，还以其优异的性能为提升电池综合性能奠定了坚实的基础。

（1）锂离子电池隔膜的主要作用

①隔离正、负极，并使电池内部的电子不能自由穿过。

②能够让电解质液中的离子在正负极间自由通过。

（2）锂离子电池隔膜的性能要求

隔膜作为锂离子电池中的核心组件，其性能优劣直接关乎电池的整体表现。首先，隔膜须具备电子绝缘性，确保正负极之间实现有效的机械隔离，防止短路发生。同时，它还需拥有适宜的孔径和孔隙率设计，以在保证低阻的同时实现高离子电导率，确保锂离子能够顺畅穿越，提升电池效率。鉴于电解液为强极性有机化合物，隔膜材料必须具备出色的耐电解液腐蚀能力，以及稳定的化学与电化学性能，以应对电池内部复杂的化学环境。

此外，良好的电解液浸润性和吸液保湿能力对于隔膜同样至关重要，这有助于维持电解液的均匀分布，提升电池性能。在力学性能方面，隔膜需展现出足够的穿刺强度与拉伸强度，以抵抗使用过程中可能遭遇的物理应力，同时其厚度应尽可能减小，以优化电池整体结构。空间稳定性与平整性也是隔膜不可忽视的性能指标，它们直接关系到电池内部结构的紧凑性与稳定性。

尤为值得一提的是，热稳定性和自动关断保护性能对于动力电池而言尤为重要，这些特性能够在电池异常升温时迅速响应，切断电流通路，防止热失控及爆炸等安全事故的发生。因此，动力电池领域更倾向于采用复合膜作为隔膜材料，以满足更为严苛的性能要求。

（3）锂离子电池隔膜的性能

在构建电池体系时，首要考虑的是其化学稳定性，确保所有使用材料均能耐受有机溶剂的侵蚀，这是保障电池长期稳定运行的基础。同时，机械强度也是不可忽视的因素，高强度的设计能有效延长电池的使用寿命。鉴于有机电解液的离子电导率相较于水溶液较低，为减少内阻，提升电池性能，需增大电极面积，这就要求隔膜必须足够薄以减小电阻。此外，安全性能同样关键，当电池体系出现异常，温度急剧上升至快速产热区间（120～140℃）时，热塑性隔膜应能及时熔融，微孔封闭，转变为绝缘体，有效阻断电解质通过，防止电流继续流通，从而避免潜在危险。最后，从锂离子电池的特定需求出发，隔膜必须具备良好的有机电解液浸渍性能，确保在电池反复充放电过程中，隔膜能够持续保持高度的电解液浸渍状态，以维持电池的高效运行。

（4）锂离子电池隔膜材料分类

①多孔聚合物薄膜。

②无纺布。

③高空隙纳米纤维膜。

④Separion 隔膜。

⑤聚合物电解质。

（5）隔膜制备方法

隔膜的制备工艺主要分为干法与湿法两大流派。干法工艺聚焦于聚烯烃树脂的熔融、挤压与吹膜，通过结晶化处理与退火步骤塑造高度取向的多层结构，随后在高温下实施单向或双向拉伸，结晶界面剥离，从而构筑多孔结构，有效增大薄膜孔径。而湿法工艺，亦称相分离法或热致相分离法，则另辟蹊径，将液态烃或特定小分子与聚烯烃树脂融合，加热至熔融态形成均匀混合物，随后降温诱导相分离，压制成型膜片。进一步加热膜片至接近熔点，实施双向拉伸以定向分子链，保温后利用易挥发溶剂洗脱残留物，最终制得相互贯通的微孔膜材料。

对比之下，湿法隔膜展现出更为卓越的机械性能，其膜层厚度得以进一步缩减，且生产线自动化程度高，支持连续作业，生产率显著提升。在动力锂离子电池这一高端应用领域，湿法隔膜以其优异的性能表现与更高的安全标准脱颖而出，不仅助力提升电池的能量密度，还紧密契合新能源汽车行业对动力电池高能量密度化的迫切需求，引领锂离子电池技术发展的潮流方向。

5. 锂离子电池的外壳

锂离子电池的外壳设计多样，涵盖了钢壳、铝壳、镀镍铁壳（主要应用于圆柱电池）以及铝塑膜（软包装）等形式。方形锂离子电池曾普遍采用钢壳，但由于其质量能量比低且安全性能不足，逐渐被铝壳和软包装锂离子电池所取代。铝壳设计灵活，既有方角也有圆角选择，材质多为铝锰合金，通过精确配比 Mn、Cu、Mg、Si、Fe 等合金元素，不仅提升了外壳的强度、硬度与耐腐蚀性，还优化了热处理效果和耐高温性能。特别是铝壳的轻量化设计，使得同等容量的电池更轻，且通过合理的合金配方有效降低了电池在充放电过程中的体积膨胀问题，增强了安全性。

而在圆柱锂离子电池领域，钢壳因其卓越的物理稳定性和抗压性成为主流选择。尽管钢壳重量上不及铝壳，但通过精细的结构设计和内置安全装置，钢壳圆柱电池的安全性得到了显著提升，达到了新的安全标准。这显示了不同外壳材料在锂离子电池设计中各有千秋，需根据具体应用场景和性能需求进行选择。

（二）锂离子电池的特点

锂离子电池相较于传统电池技术，展现出一系列显著优势与特性。首先，其电压高达镍镉电池、镍氢电池的三倍，接近铅酸电池的两倍，这是锂离子电池高比能量的重要基础，也使得在构建相同电压的动力电池组时，所需串联数量大幅减少。其次，锂离子电池质量轻盈，体积紧凑，仅为同能量铅酸电池的 $1/4 \sim 1/3$，体积则为 $1/3 \sim 1/2$，显著提升了能量密度。在寿命方面，锂离子电池循环次数可达 $1000 \sim 3000$ 次，使用年限长达 $5 \sim 8$ 年，是铅酸电池的 $2 \sim 3$ 倍，且随着技术进步，寿命与性价比还将进一步提升。

此外，锂离子电池自放电率低，每月不足 5%，且适应宽泛的工作温度范围（$-40 \sim 55℃$），尤其在低温环境下性能优于水溶液电池。其无记忆效应的特性允许随时充电，无须预先放电，充放电深度对寿命影响较小，支持全充全放。环保方面，锂离子电池不含铅、镉等有害物质，被誉为"绿色电池"。

然而，锂离子电池也存在价格较高的问题，同等电压与容量下价格为铅酸电池的 $3 \sim 4$ 倍，主要归因于正极材料成本。同时，高能量密度伴随而来的材料稳定性挑战，使得锂离子电池在使用过程中存在发热、燃烧等安全隐患，因此必须配备专门的保护电路，以防止过充。

综上所述，锂离子电池的关键参数设计需充分考量其安全性与寿命，确保电池不过充、不过放、不过流、不过温。尽管不同厂商在电压参数上差异不大，但工作温度范围、放电倍率等特性可能因电池类型或生产厂家而异，需具体评估。

（三）锂离子电池的分类

1. 磷酸铁锂电池

磷酸铁锂电池，以其磷酸铁锂正极材料为核心，正逐步成为动力电池领域的主流选择，相较于传统的 Ni - H、Ni - Cd 电池，展现出了多方面的显著优势。首先，在循环寿命上，磷酸铁锂电池表现出超长耐用性，循环次数可高达 2000 次，远超铅酸电池的 $300 \sim 500$ 次循环，使用寿命长达 $7 \sim 8$ 年，性价比是铅酸电池的数倍。其次，安全性能卓越，彻底解决了钴酸锂和锰酸锂可能存在的爆炸风险，即使在极端碰撞条件下也能确保安全无虞。再次，它支持大电流快速充放电，能在短时间内通过专用充电器快速充满，启动电流强劲，这是铅酸电池所不具备的特性。复次，磷酸铁锂电池还具备出色的耐高温性能，电热峰值远超其他材料，同时拥有大容量设计，单体容量范围广泛，满足多样化需求。尤为值得一提的是，它无记忆效应，用户可随充随用，无须担心容量衰减问题，使用更加便捷。最后，从环保角度来看，磷酸铁锂电池不含重金属及稀有金属，无毒无害，生产及使用全程无污染，是真正的绿色能源解决方案，与铅酸电池可能带来的环境污染形成鲜明对比。

2. 锰酸锂电池

锰酸锂作为一种备受瞩目的锂离子正极材料，展现出了相对于钴酸锂等传统材料的显著优势。其资源基础丰富，制造成本低廉，且在整个生命周期中均表现出良好的环保特性与卓越的安全性，加之优异的倍率性能，使得锰酸锂成为动力电池正极材料的理想选择。然而，锰酸锂的广泛应用之路并非坦途，其循环性能与电化学稳定性的不足成为制约其大规模产业化的关键瓶颈。

在锰酸锂的家族中，尖晶石型锰酸锂与层状结构锰酸锂并立，但前者以其独特的结构稳定性脱颖而出，成为当前市场主流产品。尤为重要的是，该材料内部构建的三维隧道结构为锂离子提供了畅通的脱嵌通道，即便在锂离子频繁迁移的过程中，也能有效避免晶体结构的崩塌，从而确保了材料在高倍率充放电条件下的稳定性与性能保持，这一特性对于提升电池的快充快放能力至关重要。

3. 三元锂电池

三元锂电池，其核心在于采用锂镍钴锰三元正极材料，这一创新设计融合了钴酸锂的高能量密度、镍酸锂的高容量特性以及锰酸锂的成本效益与安全性，从而在锂离子电池领域脱颖而出。面对钴金属价格高昂且具毒性的挑战，行业内外均积极寻求"少钴化"路径，推动了镍钴锰酸锂三元材料的快速发展。这种三元材料，作为过渡金属氧化物的一种，不仅显著提升了电池的能量密度，还通过优化钴的含量（通常控制在20%左右），有效降低了成本，同时保留了钴酸锂与镍酸锂的诸多优势。随着生产规模的不断扩大，三元材料正逐步成为锂离子电池正极材料的主流选择，预示着对商用钴酸锂的替代趋势日益明显。这一技术革新不仅适用于大型电动汽车市场，也广泛渗透至智能手机、可穿戴设备及充电宝等小型电子产品领域，展现了其广泛的应用前景与市场需求。

（四）锂离子电池的工作原理

锂离子电池的运作机制深深植根于"摇椅式"理论之中。在充电阶段，外部电流的驱动下，锂离子仿佛被激活，从正极材料的稳固晶格结构中脱离，随后经过电解质溶液，最终稳稳嵌入负极之中。而到了放电阶段，这一过程则逆向而行，锂离子自负极脱离，再次经过电解质与隔膜，回到正极材料，完成了一次充放电循环。整个过程中，锂离子在正负极之间往返穿梭，构成了电池能量转换的核心动力。

与此同时，有机电解质在这场能量舞蹈中扮演着至关重要的角色，它内含的导电锂盐为锂离子的流动提供了必要的离子导电性，确保了能量传输的畅通无阻。然而，电极与电解质之间的界面充满了复杂的化学反应。特别是在负极一侧，有机电解质会经历分解的洗礼，这一过程犹如自然界中的风化作用，逐渐在负极表面构建起一层由有机与无机化合物交织而成的防护层——固体电解质相界面。

二、锂离子电池箱

（一）锂离子电池箱盖

电池箱的构造设计充分考虑了安全性、耐用性和便利性。其上盖部分选用玻璃钢材质，这不仅因为玻璃钢质量轻便，而且它还具备优良的电绝缘性能和热绝缘性能，有效地保护电池免受外界干扰，同时也为电池提供一个稳定的温度环境。

电池箱的下部则采用金属作为底托板的主要材料，金属材料具有良好的承载能力和抗腐蚀性，能够承受长时间的使用压力。在底托板的边缘，设计有与车辆底部结构相连的螺栓孔，通过大量螺栓的固定，确保电池箱与车辆底盘紧密连接，提高整体结构的稳定性和安全性。

对于电池箱的装卸操作，其重量和体积可能较大，通常需要借助电池举升机这样的专用设备来辅助进行。电池举升机的使用极大地提高了工作效率，保障了操作过程的安全性，避免了人工搬运可能导致的人身伤害和设备损伤风险。因此，在电池箱的安装与拆卸过程中，合理运用电池举升机是非常必要的步骤。

（二）锂离子电池箱分解

在对电池箱进行分解操作前，确保采取一系列安全预防措施至关重要。首要步骤是务必先取下检修塞，并妥善存放，以防止任何意外重新插入。接着，拆卸锂离子电池箱的上盖，需要先松开并取出上盖与下部底托板之间的沉头螺栓。随后，移除上盖，此过程中应特别注意不损坏电池箱内的部件。

在执行车辆高压系统维护工作时，确保首先拔掉电池箱上的检修塞插头，以确保安全进行高压作业。检修塞内部装有银质直流保险丝，同时，检修塞与检修塞座之间存在特定的插拔次数限制，这体现了设计中的安全考量。

当准备拆开电池箱时，同样需要先将检修塞从检修塞座中取出，并妥善保管，以防丢失或被误用。接下来，拆开电池箱上盖的操作流程如下：首先，移除位于电池箱检修塞位置的四个沉头螺栓；其次，将电池箱后侧抬起，并轻轻向前推动上盖，确保前部高压电缆引出座能够顺利从电池上盖中移出，最后，成功取下上盖。

这些步骤不仅能够有效保护电池箱及其内部组件不受损害，同时还能确保在整个维护过程中人员的安全。

（三）锂离子电池组

锂离子电池箱内部的电池设计通常采用多个电池并联的方式以显著增加电池的总容量，之后，这些并联的电池单元再串联组合成更大的能量输出单位。这种分组设计不仅提高了能量储存能力，而且便于根据实际应用需求进行灵活配置。

电池组之间通过特定颜色（通常是橙色）的扁平电缆相连，以实现各组电池的串联。为了方便区分各个电池组内部的串联结构和便于后续维护与管理，设计者在电池侧面标注了其串联状态，并对不同的电池组进行了编号，从而确保了整个电池箱内部结构的清晰可辨识性。

第四章

电动汽车电池管理系统

第一节　动力电池管理系统的内容

一、动力电池管理系统的组成

动力蓄电池管理系统，作为纯电动汽车和燃料电池汽车不可或缺的核心组件，肩负着对动力电池组实施全面安全监控与有效管理的任务。尤其对于氢蓄电池与锂离子蓄电池来说，合理管理极为关键，因为不当管理不仅可能导致电池寿命显著缩减，甚至引发严重的火灾事故。正是基于此背景，电池管理系统（BMS）应运而生，它成了电动汽车必不可少的装备。

电池管理系统的主要职能包括但不限于：对动力电池参数的实时监控、故障诊断、剩余电量估算、行驶里程预测、短路保护、漏电监测、报警显示以及充放电模式的选择，并通过 CAN 总线与车辆集成控制器或充电机进行信息交互，以保障电动汽车运行高效、可靠、安全，从而延长电池的使用周期，降低成本。

作为连接动力电池与电动汽车的桥梁，BMS 不仅是高效利用电池的关键，更是整车策略的协同伙伴，它确保了车辆动力性能的稳定发挥；作为化学能源的电气监控核心，BMS 确保了动力电池在安全高效的环境中工作。近年来，许多国内主机厂均在 BMS 的自主研发领域取得了突破，并成功应用于自家车型，展示了在电池管理技术上的国产化优势。

BMS 系统通常由采集模块、主控模块、显示模块以及电池均衡控制模块等关键部分构成。这些模块协同工作，实现了对电池组的全面监测、数据处理、故障预警及均衡优化等功能，确保了电动汽车在复杂使用条件和恶劣环境下的稳定运行，进一步提升了电动汽车的性能与安全性。

（一）采集模块

采集模块主要采集电压、电流、温度。

（二）主控模块

主控模块完成对电池组总电压、总电流的检测，并通过 CAN 总线与采集模块、均衡模块、显示模块或车载仪表系统及充电机等通信。

（三）显示模块

用于电池组的状态以及 SOC 等各种参数的显示、操作等，并可保存相关数据。

（四）电池均衡控制模块

电池管理系统是电动汽车中至关重要的组成部分，其主要职责是对电池组进行精准监控与高效管理，确保电池组的安全、稳定运行。电池管理系统的核心单元——电池管理系统控制单元是整个系统的大脑，负责协调与执行各种操作指令。电池单体电压和温度信号采集模块是系统的眼睛，持续监控每个电池单元的状态，以确保其健康运行。总电流及总电压信号采集模块则负责收集系统整体的运行数据，为系统决策提供依据。整车通信模块则扮演了信息传递者的角色，确保 BMS 与车辆其他系统之间的信息流通无阻。高压电安全系统（包含高压接触器和熔断器）则构成了系统的防护层，确保在紧急情况下能够迅速切断高压电供应，保护人员与设备安全。电流均衡模块则是系统中的自动调节者，通过在电池电压不一致超过规定值时，以及充电电流达到特定阈值后，对电池进行均衡，确保电池组性能的一致性与稳定性。此外，热管理系统和检测单元（包含电流传感器、电压传感器与温度传感器）则是系统内部的温控专家与警报系统，通过实时监测电池温度等关键指标，提前发现并响应碰撞及电池渗漏等可能威胁安全的异常情况，一旦监测到危险信号，BMS 立即采取措施切断高压电供应，确保车辆与乘员的安全。综上所述，电池管理系统通过整合多方面的硬件与软件功能，形成一个综合性的智能管理系统，确保了电动汽车在高效运作的同时，始终保持高安全性与可靠性。

二、动力电池管理系统的功能

（一）数据采集

电池管理系统的核心在于其精准、高效的数据采集能力，这直接关系到整个系统的性能表现。从算法层面来看，所有算法都依赖于来自电池的实时数据输入，而采样速率、精度以及前置滤波特性是决定 BMS 性能的关键指标。

在电动汽车的应用场景下，BMS 的采样速率通常需要高于 200Hz，即每秒至少能够完成 200 次数据采集，这样的采样频率能够确保系统对电池状态的快速响应和精确监控，满足了电动汽车动态工况的需求。更高的采样率意味着更短的数据间隔时间，可以捕捉到更细粒度的变化趋势，从而提高了对电池行为的预测性和管理的有效性。

数据采集的精度和速度是衡量电池管理系统质量的重要指标，它们直接影响到系统的可靠性和效率。高精度的数据采集确保了对电池参数（如电压、电流、温度等）的准确读取，避免了误差累积导致的决策失误；高速度的数据采集则确保了系统能及时响应电池状态的变化，有效预防过充、过放等潜在风险，延长电池使用寿命并保证车辆的正常运行。

数据采集的对象主要包括但不限于电池的电压、电流和温度等关键参数。电压数据用于监测电池的荷电状态（SOL），电流数据帮助理解电池的负载情况，而温度数据则对电池的热管理至关重要，因为电池的工作性能会随着温度的变化而变化。这些基础数据的收集与分析是进行更高级别功能（如 SOC 估计、电池均衡控制和热管理等）的前提，它们通过算法处理，实现对电池状态的全面监控和优化管理，最终保障了电动汽车的能源利用效率和驾驶体验。

（二）电池状态计算

电池状态的计算主要聚焦于电池组的荷电状态和电池组的健康状态（SOH）两个核心方面。SOC 这一参数着重于指示动力电池组当前剩余的能量水平，它是评估和预测电动汽车续驶里程的基石。而 SOH，则涉及对电池的技术状况、预期使用寿命等健康参数的考量，它对于全面了解电池的整体状态有着至关重要的作用。

在电动汽车领域，准确估算电池 SOC 具备多重重要价值和作用。首先，通过精确的 SOC 估算，能够有效实施电池的保护措施，防止过度充电或过量放电，进而延长电池的使用寿命并提升整体的安全性能。其次，准确的 SOC 数据有助于优化整车的性能，比如合理规划能量回收、调整功率输出等，从而显著提升电动汽车的能效和驾驶体验。最后，合理的 SOC 估算还能降低对电池的性能要求，允许使用能量密度较低但成本更为亲民的电池组件，这对于提高电动汽车的经济性和普及度有着积极的推动作用。

（三）能量管理

能量管理主要包括以电流、电压、温度、SOC 和 SOH 为输入进行充电过程控制，以 SOC、SOH 和温度等参数为条件进行放电功率控制两个部分。

（四）安全管理

安全管理在电池系统中扮演着至关重要的角色，其主要任务包括实时监测电池电压、电流、温度等关键参数，确保这些指标不超出安全阈值，避免电池组出现过充、过放等危险状态。随着技术的进步，现代电池管理系统已不再仅局限于整组电池的监控，而是进一步扩展到对单体电池进行精细化管理，对过充、过放、过温等极端状态进行更加精准的防护，以确保电池的安全稳定运行。

（五）热管理

为了确保电池系统的高效性能与延长寿命，动力电池管理系统中通常会集成热管理系统，这一系统通过电池箱、传热介质以及监测设备等关键组件协同工作，旨在维持电池系统处于理想的温度环境中。热管理系统的首要功能在于精确测量与监控电池温度，确保在温度过高时能够有效地进行散热与通风，从而实现电池组温度场的均匀分布。而在低温环境下，该系统则能快速加热，促使电池组达到可正常运行的工作温度，并在整个工作过程中保持电池单体间的温度均衡。

对于那些在高功率放电或高温使用场景下的电池而言，热管理显得尤为重要。这是因为，在这些条件下，电池可能会面临过热的风险，这不仅会影响电池的即时性能，还可能加速电池老化过程，甚至导致安全问题。因此，有效的热管理系统不仅能够确保电池在各种复杂使用环境下的稳定性，还能显著提升电池的整体性能和使用寿命，对于推动新能源汽车、储能系统等领域的可持续发展具有不可忽视的作用。

（六）均衡控制

电池一致性差异导致电池组的工作状态受限于性能最差的单体电池，为了各单体电池的充放电工作情况尽量达到一致，进而提高整体电池组的性能，实施均衡控制成了必要的措施。均衡管理通过在电池组各个单体之间设置均衡电路，确保各电池单元能够同步进行充放电操作，避免个别电池过充或过放导致的不一致现象。

不进行均衡控制，电池管理系统可能只关注最大容量或最小容量的电池，导致其他电池单体在充电或放电时落后于前者的节奏，无法达到最佳状态。这种情况在极端情况下可能导致某些电池长时间过度工作，而其他电池却未充分利用，长期下去会严重影响电池组的整体性能和寿命。

此外，均衡管理还有助于电池容量的维持和放电深度的有效控制。不均衡的充放电可能会导致某些电池单元过早地耗尽或充满电，从而加速其容量衰减的速度，缩短电池使用寿命。通过均衡控制，可以确保所有电池单元按照一致的节奏充放电，避免了这种不利情况的发生，有利于延长电池组的整体使用寿命，提高其经济性和可靠性。

（七）通信功能

电池管理系统的核心功能之一在于实现电池参数与信息的通信，这些数据包括但不限于电池的状态、电压、电流、温度等关键指标，以及电池的历史使用记录等。这些信息对于充放电控制、整车控制乃至整个电动汽车系统的安全与效率至关重要。为了适应不同设备间的数据传输需求，电池管理系统支持多种通信接口方案：

1. 模拟信号

这是一种传统的通信方式，适用于距离较短、信号处理要求相对简单的场景。模拟信号可以直接反映出传感器或控制器的实时状态变化，但易受干扰且传输距离有限。

2. 脉冲宽度调制（PWM）信号

PWM 信号通过改变信号的脉冲宽度来传递信息，特别适用于需要高速通信和传输大量数据的场合。它不仅节省了带宽资源，还能有效地抵抗噪声干扰，是一种灵活且可靠的通信手段。

3. CAN 总线

作为汽车工业中广泛采用的总线标准，CAN 总线具有良好的抗干扰能力和高可靠性的特点。它能够在一个网络上同时连接多个节点，实现多设备间的高效通信，非常适合于电池管理系统与车载设备之间的数据交互。

4. I2C 串行接口

I2C 是一种双向串行总线，允许两个设备之间进行数据交换。由于其较低的硬件成本和简单的设计，I2C 常用于连接电池管理系统与其他小型设备，实现低功耗的数据通信。

通过上述不同通信接口的灵活运用，电池管理系统能够有效集成与协调车辆内的各种电子设备，优化能源利用效率，保障行车安全，同时也为实现更智能化、高效化的电动汽车应用提供了坚实的技术基础。

（八）人机接口

根据设计需要设置显示信息以及控制按键、旋钮等人机界面。

三、动力电池管理系统的工作模式

（一）下电模式

下电模式指的是在系统不需要运行时，为了节省能量并确保安全，整个系统，无论是低压部分还是高压部分，都进入不工作状态的一种模式。在这种模式及动力电池管理系统的控制下，所有的高压接触器均被切断，使得高压回路处于断开状态；同时，低压控制电源也不再供电。这一操作不仅有助于降低能耗，还能够在一定程度上提高系统的安全性，避免意外启动或短路等问题的发生。简而言之，下电模式是一种旨在节能和确保安全的系统管理模式。

（二）准备模式

准备模式是系统处于即将投入运行的状态，在此模式中，所有高压接触器并未完全闭合，而是保持在未吸合状态。这种设计使系统能够随时响应外界的指令，无论是通过硬线信号，即直接物理触点的连接方式，还是通过经过 CAN 总线传递的数字信号。当接收到点火开关、整车控制器、电动机控制器、充电插头开关等部件发送的信号后，这些低压信号或 CAN 总线上的报文可以激活相应的逻辑控制电路，进而驱动控制各个高压接触器的动作。一旦高压接触器被适当控制而闭合，动力蓄电池管理系统便能进入预定的工作模式，准备为车辆提供电力支持或进行充电过程。这种设计不仅提升了系统的响应速度和灵活性，同时也保证了操作的安全性与可靠性。

（三）放电模式

动力蓄电池管理系统监测到点火开关的高压上电信号后，系统首先控制进入预充电状态；当预充电容两端电压达到母线电压的90%时，立即进入放电模式。

（四）充电模式

当动力电池管理系统接收到充电唤醒信号时，系统会自动切换至充电模式。在此模式下，系统不再响应点火开关发出的任何指令，充电插头提供的充电唤醒信号成为判定系统是否进入充电模式的关键信号。

考虑到磷酸铁锂蓄电池在低温环境下的充电性能及潜在安全风险，系统在进入充电模式前会进行一次温度检查。如果检测到电池温度低于0℃，系统将执行预热程序，启动充电预热模式。在这一阶段，系统通过接通直流转换接触器为低压蓄电池供电，并为预热装置供电，从而对电池组进行预热处理。待电池组内部温度上升至适宜水平，通常高于某个特定阈值，比如高于室温或预先设定的某个安全充电温度，系统便可正式进入正常的充电模式，为电池充电做好准备。这一系列安全措施确保了在低温条件下电池充电过程的安全性和有效性。

（五）故障模式

故障模式在汽车控制系统中是一种常见的状态，特别是在动力电池管理系统中尤为重要。该系统对于故障的响应具有层级性，根据故障的不同严重程度采取相应的管理策略。

当动力电池管理系统的故障处于较低级别时，系统通常会采取较为温和的应对措施，如发出错误信息或报警信号，通知驾驶员当前系统存在异常情况，提醒其注意行驶安全或及时进行维修。

然而，当故障达到较高级别，尤其是可能带来安全风险或紧急情况时，系统将采取更为直接和果断的行动，即切断高压电路的电源，通过断开高压接触器来防止进一步的安全问题或损害。这种紧急措施旨在保护系统、乘员以及周边环境免受潜在的危险影响。

至于低压蓄电池，在整个车辆控制系统中扮演着至关重要的角色。无论车辆处于充电模式、放电模式，还是故障模式，直流转换接触器的闭合总是将低压蓄电池置于充电状态。这样做的目的是确保低压控制系统的电力供应稳定，即便在复杂多变的工况下，也能保证车辆的辅助系统、电子设备等正常运作，维持基本功能的连续性和可靠性。

第二节　动力电池管理系统的参数采集方法

一、单体电压的采集方法

（一）继电器阵列法

电池电压采集电路主要由端电压传感器、继电器阵列、A/D转换芯片、光耦、多路模拟开关等关键组件构成。此电路适用于需要精确测量较高电压电池单体（如串联连接的电池组）电压的场景。若需测量 n 块串联电池的总端电压，理论上需要接入 $n+1$ 根导线至电池组各节点间。

具体实施时，通过单片机发出控制信号，利用多路模拟开关与光耦合继电器驱动电路，动态选择并导通对应位置的继电器。这样便能精准连接目标电池（第 m 块）及其相邻电池（$m+1$ 块）之间的导线，将这两根导线接至 A/D 转换芯片进行电压数据采集。

值得注意的是，电路中的开关元件（多路模拟开关）通常具有极低的电阻值。配合后续的分压电路后，开关本身的电阻效应对整体精度的影响几乎可以被忽略。此外，整个电路设计简洁，主要的误差源集中于分压电阻、模数转换芯片及电压基准的精度上。因此，通过优化这些关键部件的性能，能够显著提高电压测量的精度。

（二）恒流源法

组成恒流源电路的核心部分是将运算放大器与场效应管结合使用，形成一个减法运算恒流源架构。这种电路的设计旨在实现一种简洁而高效的电压到电流转换机制，不仅结构简单，还拥有出色的共模抑制能力和高精度的采集特性，从而确保了其在实际应用中的广泛适用性和稳定性。

恒流源电路的独特之处在于，它能够在不依赖传统转换电阻的情况下，将电池的端电压转化为与其呈线性关系的电流信号。这种设计不仅简化了电路结构，而且有效地提高了系统的抗干扰能力，尤其是在处理诸如串联电池组这类电压源系统时更为显著。在串联电池组中，电池的端电压实际上是电池组内相邻两个节点之间的电压差。为了确保在这样的应用场景下实现稳定的电流输出，恒流源电路需要具备强大的共模抑制能力，以有效滤除噪声干扰，确保输出电流的准确性。

集成运算放大器因其性能稳定、易于集成等特点，常被选作构建此类恒流源电路的关键元件之一。根据不同的设计需求和应用场景，恒流源电路可能会采用各种不同的实现方式，展现出多样化的特性与功能，满足用户在电源管理、信号调理、测量与控制等领域内的具体需求。

（三）隔离运放采集法

隔离运算放大器是一种关键的电子元件，通过提供电气隔离，实现了信号处理的高效与安全，尤其在 600V 动力电池组管理系统中应用广泛。在这一系统中，隔离运算放大器的作用至关重要，它能够确保每一块电池（共有 50 块，每块电池额定电压为 12V）的端电压信号在传输过程中不受外部干扰，从而实现高精度的采集和可靠的性能表现。

美国 BB 公司设计的 ISO122 是基于滞回调制 – 解调技术的隔离放大器，采用了先进的精密电容耦合技术和标准的双列式 DP 封装技术。这款隔离放大器的创新之处在于，其输入和输出部分位于壳体的相对两侧，实现了高隔离阻抗、高增益精度和优异的线性度，这些都是保证系统可靠性的关键指标。

在实际应用中，ISO122 的输入电源直接来自电池组，而输出电源则由电路板上的专用供电模块提供。电池端电压通过两个高精度电阻进行分压后输入到隔离运放中，输出信号与输入电压之间呈线性关系，随后经过多路复用器的处理，最终进入单片机控制电路进行数据处理。

尽管隔离运算放大器具有出色的技术性能，但其较高的成本成了限制其广泛应用的主要因素之一。尽管如此，其在电池管理系统中的应用仍然证明了其价值，特别是在需要严格控制电池状态、确保系统稳定性和延长电池寿命的应用场景中。

（四）压/频转换电路采集法

在构建电池单体电压采集系统时，压控振荡器扮演着核心角色。这种电路通常包含电容器作为关键组件。值得注意的是，电容器的相对误差通常较大，且这一误差随电容值的增大而增加。这意味着，对于电容器的精确控制和测量是实现高精度电压采集的关键挑战之一。

具体到压/频转换器的使用场景，这类元件是电压转换成频率信号的关键桥梁。通过调整输入电压，压/频转换器能够对应地改变振荡器的振荡频率。这一特性使得压/频转换器成为一种高精度、高效率的信号转换工具，尤其是在需要将物理参数（如电压）转换为易于处理和分析的形式（如频率）的场合中。由于其良好的精度线性度和积分输入特性，压/频转换器能够在多种应用场景中提供准确的信号转换服务，包括但不限于电池单体电压的精确测量。

在电池管理系统中，通过压/频转换电路实现的电池单体电压采集，能够实时监测电池的电压状态，这对于电池健康状况的评估、电池寿命的预测以及整个系统的安全运行至关重要。借助压/频转换器的高精度特性，可以有效地减少电压测量不准确导致的系统误判或故障警告，提升整个系统的可靠性和效率。因此，压/频转换器不仅是实现高效电池单体电压采集的重要组成部分，也是保障电池管理系统稳定运行的关键技术手段。

（五）线性光耦合放大电路采集法

线性光耦合放大电路因其强大的隔离能力和出色的抗干扰能力，以及在信号传输过程中保持良好线性度的特点，被广泛应用于电池单体电压采集电路之中。这种电路通过将信号采集端与处理端相隔离，显著提高了电路的整体稳定性和对电磁干扰的抵抗能力。

线性光耦元件 TIL300 在设计上独具匠心，采用了红外 LED 和隔离反馈光二极管相结合的方式，再辅以特殊的工艺技术来校正 LED 的非线性时间与温度特性，确保输出信号与 LED 发出的伺服光通量之间形成线性关系。

在实际应用中，线性光耦合放大电路常与继电器阵列或选通电路协同工作，适用于多路采集系统的构建。尽管这样的集成方案能够有效满足复杂环境下的信号隔离需求，但同时也面临着电路结构较为复杂和影响精度因素众多的挑战。在多路采集系统的设计与实现过程中，需仔细权衡电路的复杂度与性能指标，以达到最佳的系统性能和稳定性。

二、动力电池温度的采集方法

（一）热敏电阻采集法

热敏电阻作为一种温度敏感元件，其核心工作原理是利用电阻值随温度变化的特性。具体而言，当外界温度发生变化时，热敏电阻的阻值也随之改变。为了将这种阻值变化转化为可测量的电信号，通常会将热敏电阻与一个定值电阻串联构成分压器。这样，在不同温度下，热敏电阻与定值电阻的电压比值就会有所不同，通过测量这个电压比值可以间接得知温度的变化情况。

这个得到的模拟电压信号可以通过模数转换器进行转换，将温度信息从模拟域转换到数字域，以便于后续的数据处理、显示或者控制应用。这一过程使得温度的测量结果更加精确和便于数字化操作。

热敏电阻作为实现这一温度传感机制的关键元件，具有成本相对较低的优点。然而，它们在使用过程中也存在一些局限性。首先，热敏电阻的线性度往往不佳，这意味着其在不同温度区间内的电阻值与温度之间的线性关系可能不是特别严格，可能导致测量结果的准确性受到影响。其次，热敏电阻的制造误差通常较大，这也可能对最终的测量精度造成一定的负面影响。最后，在需要高精度温度测量的场合，可能需要考虑采用其他类型的传感器或者进行更复杂的校准程序来提高测量结果的可靠性。

（二）热电偶采集法

热电偶的工作原理基于双金属片的热电效应。当双金属片的不同部分处于不同的温度环境中时，会产生差异化的热电动势。通过查表的方法，能够将这些热电动势值转化为具体的温度数值。这一特性使得热电偶在温度测量方面具有较高的准确性。

热电偶之所以能提供高精度的测量结果，主要是因为决定热电动势值的因素仅仅与其所用的材料相关，而不是环境因素。不过，值得注意的是，热电动势通常以毫伏为单位，这就要求需要相应的放大电路来进行信号放大，增加了外部电路的复杂性。

热电偶使用的金属材料熔点较高，这使得它们适用于测量高温环境下的温度。同时，热电偶在耐温性能、抗干扰能力以及长期稳定性等方面也表现出色，使得其在工业生产、科学研究等众多领域得到广泛应用。

（三）集成温度传感器采集法

温度测量在日常生产和生活中变得越来越重要，为了满足这一需求，半导体制造商开发了各种集成温度传感器。这些传感器大多基于热敏电阻工作，但经过精确校正后，其精度达到了与热电偶相媲美的水平，同时提供了数字输出信号，极大地简化了在数字系统中的应用。

集成温度传感器的优点在于它们不仅具有热电偶的高精度特性，而且输出信号是数字形式，易于处理和分析，减少了信号转换过程中的误差，提高了系统的整体稳定性和可靠性。此外，数字输出还使得传感器能够轻松地与现代电子设备进行接口，如微处理器、计算机和自动化控制系统，便于数据处理和远程监控。

三、动力电池工作电流采集方法

（一）分流器方案

分流器检测传感器，尽管在发展初期相较于其他技术稍显滞后，但凭借其独特的优势和特点，在电动汽车领域迅速崭露头角并得到广泛应用。其工作原理是通过在母线回路中串联一个微欧级别的电阻，根据压降测量来计算电流大小，展现出高效准确的特性。

分流器方案的主要优势包括：

快速响应：能够迅速捕捉到电流的变化，适用于对动态响应要求较高的应用场景；

高精度：即便在处理极小电流时，仍能保持极高精度，确保了数据的可靠性和准确性；

优良的线性度：测量结果呈现出良好的线性关系，有助于提高数据处理的效率和精确性；

小电流下的高精度采集：即便面对小电流场景，也能维持高精度测量，适应各种复杂工况；

高同步性：与总压同步性高，有助于提升整个系统的工作协调性和稳定性。

然而，分流器方案也并非十全十美，其存在以下几点挑战：

非隔离性：传感器自身不具备与外部环境的完全隔离，可能受到外部干扰，影响测量的准确性；

高接口电路设计要求：为了有效发挥分流器的作用，对接口电路的设计提出了更高的要求，须具备良好的信号处理能力以减小误差；

标定校准需求：使用过程中需定期进行标定校准，以确保传感器的精度随时间保持稳定；

大电流温升问题：在处理大电流时，需要额外考虑电阻的温升效应，以免影响测量精度和传感器的使用寿命。这就要求设计时充分考虑散热机制，确保温度控制在合理范围内。

（二）开环霍尔方案

霍尔电流传感器作为一款在高电压、大电流应用领域中不可或缺的元件，拥有丰富的产品家族。其中，基于霍尔器件的开环方案以其独特的技术特点，广泛应用于多种电子设备和工业自动化系统中。该方案的核心原理是利用霍尔器件检测导体电流所引起的磁场，并通过线性放大电路将这一磁场转换为电压信号，进而通过分析霍尔效应的输出电压来换算出电流的大小。

霍尔方案在具体应用中的主要优势包括：

内置隔离：霍尔器件本身提供了一定程度的电气隔离，这使得霍尔电流传感器在处理高压大电流信号时具有较高的安全性。

紧凑的结构和小型化：霍尔电流传感器通常设计为小型封装，便于集成于有限的空间内，提高了系统的紧凑性和灵活性。

低功率消耗：与一些其他类型的电流检测方案相比，霍尔电流传感器的功耗较低，有利于节能减排和延长设备使用寿命。

简单的接口电路：由于霍尔电流传感器的输出为标准的电压信号，因此其接口电路设计较为简单，易于与其他电路板或系统集成。

无须校准：相较于某些需要定期校准的传感器，霍尔电流传感器在正常使用条件下性能稳定，减少了维护成本和周期。

不过，任何技术方案都有其局限性，霍尔电流传感器也不例外。其主要的缺点在于：

响应时间较长：相比于一些基于光电子或磁阻效应的高速传感器，霍尔电流传感器的响应速度相对较慢，可能不适合对动态变化敏感的应用场景。

精度较低：受霍尔效应特性的影响，霍尔电流传感器的测量精度可能不如某些高精度传感器，特别是在高电流密度区域，可能引起较大的测量误差。

线性度不佳：霍尔效应的输出与输入电流之间的线性关系可能不是完美的，尤其是在大电流或特定的工作条件下，这种非线性可能导致测量结果的准确性受到影响。

综上所述，霍尔电流传感器在提供便利性和可靠性的同时，也面临着响应时间、精度以及线性度等方面的挑战，这些特性在选择传感器时应予以综合考虑。

（三）互感器方案

互感器方案只能用于交流电流测量。通过开孔、导线传入，插入无损耗。价格低且使用简单，普及率高。

（四）光纤传感器方案

光纤传感器可以测量直流电流和交流电流，插入无损耗。不过光纤传感器价格昂贵，其在控制领域的应用受到影响，普及率不高。

第三节 动力电池电量管理

一、精确估计 SOC 的作用及影响因素

(一) 保护蓄电池

对于铅酸蓄电池来说，过充电和过放电都是对其寿命有着显著负面影响的操作方式。过充电会导致电池内部产生过多的热量，使电解液蒸发并形成白色结晶物质，这不仅增加了电池的内部电阻，还可能损伤电池板，导致容量下降。而过放电，则会使活性物质过度消耗，尤其是硫酸盐化现象在深放电后难以恢复，导致电池容量快速衰减。因此，维持一个合适的荷电状态区间是非常关键的。

当能够精确测量并监控 SOC 时，整车的控制策略就能够有效地调整充放电过程，确保电池的 SOC 始终处于理想的范围内，如 20% ~ 80%。这样的策略有助于避免电池处于过高或过低的荷电状态，从而显著减少电池遭受的机械和化学损伤。在合理 SOC 区间的运行，不仅能够提高电池的使用效率，还能有效延长电池的生命周期，降低整体运营成本，并提升用户满意度。因此，准确的 SOC 管理是现代电动汽车及储能系统设计中不可或缺的一部分。

(二) 提高整车性能

在没有提供准确的 SOC 情况下，为了保证电池的安全使用，整车控制策略需要保守地使用电池，防止电池出现过充电和过放电的情况，这样不能充分发挥电池的性能，从而降低了整车的性能。

(三) 降低对动力电池的要求

准确地估算电池的荷电状态是最大化利用电池性能、优化电池使用效率的关键因素。当 SOC 估算的精度高时，意味着电池的实际输出能够与预期保持高度一致，从而使得电池能够在安全有效的状态下运行，避免因担心电量不足或过充而进行保守的电量管理。这种情况下，我们对于电池性能的需求相对较小，因为电池被充分、合理地利用了其全部能量潜力，减少了由于不确定性带来的额外设计余量需求。

以 40Ah 的动力电池组为例，如果能够准确估算其 SOC，那么理论上，系统设计者可以在确保电池性能和安全的前提下，更紧密地贴合实际能量需求进行工作，从而不必过分增加电池容量作为安全裕度。这意味着，在准确 SOC 估算支持下，所需的电池容量会显著低于那些依赖于更大安全余量的估算。

相反，如果无法提供准确的 SOC，出于保证系统性能和可靠性的考虑，设计者可

能需要预留更多的电池容量作为保险,以应对无法预测的电量使用情况。在这种情形下,为了确保电池组能稳定提供所需功率和持续时间,可能会选择至少 60 Ah 或更高的电池容量,甚至更高,以此来覆盖额外的安全余量。这种做法虽然保证了系统的可靠性,但也可能导致资源的过度配置,从而增加成本和体积、重量,特别是在能量密度和成本敏感的应用场景中。

(四)提高经济性

选择较低容量的动力电池组确实能够有效降低整车的制造成本,并且由于系统运行的可靠性得到了提升,后续的维护成本也会明显减少。然而,准确估计电池的荷电状态并非易事,这主要是由于电池的荷电状态受到多个复杂因素的影响。

电池的荷电状态估算准确性受到了充放电电流、温度、电池容量衰减、自放电以及一致性等五个主要方面的挑战:

首先,充放电电流的大小与电池容量之间存在显著关系。在大电流充放电工况下,电池的可充放电容量通常会低于其额定容量;而在小电流工况下,这一数值则可能高于额定容量。因此,电池在不同电流条件下表现出的容量差异直接影响了 SOC 的精确计算。

其次,温度的变化也对电池的性能产生显著影响。不同温度下,电池组的容量会发生相应变化。因此,在进行 SOC 估计时,温度的选择和调整至关重要,它不仅影响到电池组的实际容量,还关系到电量的准确估算。

再次,电池容量在使用周期中的衰减是一个不可避免的过程。随着电池的循环使用,其容量会逐渐下降。因此,在估算电池电量时,必须考虑到容量衰减的因素,并据此适时调整校正条件,以维持 SOC 估算的准确性。

复次,自放电现象是电池内部化学反应的结果,它导致电池在不使用时电量自然减少。自放电的大小受环境温度的影响,因此在进行 SOC 估算时,需要根据实验数据对自放电效应进行适当的修正。

最后,电池组内电池的一致性差异也是影响电量估算精度的重要因素。由于电池之间的性能差异,若不加以考虑,可能会导致整体电池组的电量估算出现较大误差。因此,在建模和容量估算时,应充分关注电池组内电池的一致性,以提高 SOC 估算的准确性。

二、SOC 估计常用的算法

(一)开路电压法

开路电压法是一种基于电池开路电压(OCV)与电池状态之间的间接关系来估算电池 SOC 的技术。这一方法假设电池的 OCV 与其内部锂离子浓度存在一定的对应关系,进而通过实验手段建立起一个 OCV 与 SOC 一一对应的模型。在实际操作中,通常需要将电池充至满电量状态，然后以固定的放电倍率进行恒定电流放电，直至电池降至某一设定的截止电压。通过记录整个放电过程中的 OCV 与其相对应的 SOC，构建出 OCV 与 SOC 的关系曲线。一旦建立了此关系曲线，当电池处于工作状态时，通过测量电池两端的电压值，即可利用预先建立的 OCV – SOC 关系表，推算出当前的电池 SOC。

值得注意的是，开路电压法与放电试验法类似，都面临着难以适应运行中电池 SOC 实时估算的问题。其主要挑战在于环境因素（如温度变化、电池老化）、电池特性的非线性变化以及电池在实际使用中的复杂动态行为，这些都可能导致基于静态实验数据得到的 OCV – SOC 模型在实际应用中的准确度下降。因此，在实际应用中，除了开路电压法之外，还往往需要结合其他先进的估计算法（如卡尔曼滤波、神经网络模型等），以适应电池在不同使用条件下的性能变化，提高 SOC 估算的实时性和精确性。

（二）容量积分法

容量积分法是通过对单位时间内，流入流出电池组的电量进行累积，从而获得电池组每一轮放电能够放出的电量，确定电池 SOC 的变化。

（三）电池内阻法

电池内阻的概念包含交流内阻和直流内阻两部分，这两者均与电池的荷电状态有着密切的关系。交流内阻涉及了电池在交流电流作用下的阻抗特性，而直流内阻则是电池在直流电路中的阻抗值，两者都是反映电池健康状况的重要参数。然而，准确测量电池单体内阻是一项挑战，特别是直流内阻的测量，由于受到多种因素的影响，如测量设备的精度、电池的化学反应状态等，这使得直流内阻法在实际应用中存在一定的局限性。

在现代电池管理系统的设计中，通常会采取更为综合的方法来提高 SOC 估算的精度。将内阻法与安时计量法相结合便是其中一种有效策略。安时计量法通过对电池的充放电过程进行精确计量，获取电池的实际能量转换情况，以此反推出 SOC。而内阻法则通过分析电池在特定电流下的电压降或通过频率响应测试得到的阻抗变化，提供额外的性能指标信息。这两种方法的组合利用了各自的优势，前者提供了能量的直接度量，后者则反映了电池的物理特性和化学状态。通过综合考虑电池的能量使用情况和物理状态，可以更准确地估计出电池的剩余电量，从而提高 SOC 估算的精度，更好地满足各种电池管理需求，如延长电池寿命、优化电池性能、提高系统整体效率等。

（四）模糊逻辑推理和神经网络法

模糊逻辑和神经网络方法在电池状态估计领域展现出了独特的优势，同时也伴随着各自的限制。模糊逻辑以其接近人类形象思维的方式，擅长处理定性分析和推理，展现出强大的自然语言处理能力，能够适应复杂的系统环境，但其核心是基于规则的决策过程，这在面对高度不确定性和非线性变化的电池系统时，其效能受到了一定限制。

神经网络，通过其分布式存储信息的机制和卓越的自组织、自学习能力，成了解决电池状态估计算法中的一个有力工具。这种方法能够模拟人脑及其神经元处理非线性系统的能力，无须深入了解电池的内部结构，仅需通过大规模的数据训练构建模型，从而实现实时获取电池动态参数的目的。相较于模糊逻辑，神经网络法在处理电池SOC估算时，具有显著优势，例如避免了在卡尔曼滤波法中电池模型线性化而引入的误差，以及能够直接处理系统输入输出样本间的复杂关系。

然而，神经网络法同样面临着较大的前期工作量要求，需收集和预处理大量目标样本数据进行系统训练，而训练数据的质量和数量、训练方法的选择等都直接影响到最终的SOC估计精度。在电池使用过程中，外部条件的变化（如温度、自放电率、电池老化程度等）可能导致神经网络模型逐渐失去其准确度，尤其是当这些条件在不同的使用场景中表现不同时，长时间使用神经网络法进行SOC估算的准确性可能会受到影响。

总体而言，虽然模糊逻辑和神经网络法在电池状态估计算法中各有千秋，但在实际应用中，特别是对于需要高精度、长期稳定性的动力电池系统SOC估算工作，它们的应用可能相对有限，特别是在对电池性能动态变化要求极高或外界环境变化频繁的场景下。在这种情况下，需要综合考量不同方法的适用范围和局限性，选择最合适的算法来满足特定的需求。

（五）卡尔曼滤波法

卡尔曼滤波法的核心思想是基于最小方差的最优状态估计理论，旨在为动力系统提供最佳的状态估计。这种算法在各种电池系统中均适用，它不仅能够提供电池SOC的估计值，还能提供相应的估计误差，这使得卡尔曼滤波法在电池状态监控中展现出了巨大的潜力。然而，卡尔曼滤波法的实现存在着一定的挑战。电池SOC的精确估计往往需要更加精细和复杂的电池模型，而这样的模型往往伴随大量的矩阵运算，从工程实施的角度来看，这一需求会增加系统的复杂性，导致实践操作上的困难。

卡尔曼滤波法通过最小均方差原则，对动态系统的状态进行最优化估计，其本质是将非线性的动态系统简化为状态空间模型，并利用"预测－实测－修正"循环不断更新系统状态估计，以此来消除系统中存在的随机偏差和干扰。在电动汽车动力电池的SOC估算中，将电池视为一个动力系统，并将其转化为状态空间模型，使得SOC成为一个状态变量。所建立的系统模型通常假设为线性离散系统，这有利于简化计算过程，提高估算效率。

卡尔曼滤波法在复杂运行工况下的电动汽车电池管理中展现了显著的应用价值，它不仅能有效修正系统初始误差，还能有效地抑制系统噪声，从而提高SOC估计的准确性。然而，该方法同样存在几个关键的局限性：

1. 依赖准确的电池模型

卡尔曼滤波法的性能与电池模型的精确度密切相关。高度非线性的动力电池在转换为状态空间模型时，不可避免地会产生一些线性化误差。如果电池模型的建立不够精确，那么通过卡尔曼滤波法得到的SOC估计结果也可能不可靠。

2. 计算复杂性高

卡尔曼滤波法的执行涉及复杂的矩阵运算和迭代计算，计算量大且所需的时间较长。此外，实现该算法还需要较高的硬件性能支持，以确保在实际应用中能够实时处理数据，这增加了系统的成本和资源消耗。

（六）放电试验法

放电试验法是一种基本且广泛应用于电池容量评估的测试手段。这种方法主要原理是将目标电池以恒定电流持续放电直至电池电压降至预设的截止电压。随后，通过计算从开始放电到电池电压降至截止电压所用的时间，再乘以设定的放电电流值，得出电池的剩余容量。放电试验法因其操作流程直观、步骤简单、结果相对准确，而成为电池状态估计的标定方法之一，特别是在缺乏具体电池 SOC 信息的情况下尤为适用。这种测试方法不仅适用于常规的铅酸电池，也广泛适用于包括锂电池、镍氢电池在内的各种类型的蓄电池。在蓄电池的日常维护和管理过程中，放电试验法提供了有效的手段来监控和评估电池的健康状况，尤其是在确定电池的剩余电量时，其准确性和可靠性得到了广泛应用与验证。

三、电动汽车电池管理系统的设计

（一）智能动力电池管理系统总体设计方案构建

电池管理系统的主要任务涵盖了动力电池运行状态的实时监控、故障诊断以及本地化程序的更新。为了实现这些功能，BMS 需要采集并处理车辆运行时动力电池各单体电池的实时数据，包括但不限于电压、电流及温度信息。

为了确保 BMS 的技术特性和应用要求得到满足，该系统被预设为包含动态信息采样、电管理、热管理、均衡管理、数据管理、状态管理以及系统自检等七个核心功能模块。这些模块共同作用，从安全性、稳定性、耐用性及易用性等多个维度，全面管理电池的能量系统，确保电池在各种使用场景下都能发挥最佳性能，延长电池寿命，同时提高整个电动汽车系统的整体效能和用户满意度。

（二）智能 BMS 关键技术研究

1. SOC 估算算法

SOC 代表的是电池在使用一段时间或处于长时间闲置后的剩余能量与它完全充满状态时能量容量的比例，通常以百分比形式呈现。它直观地反映了电池当前可用能量的多少，对于用户来说，是判断电池续航能力的重要指标。

然而，SOC 并非可以直接通过物理方式测量得出，而是依赖于对动力电池的若干状态参数进行复杂分析和计算得出的估计值。在新能源汽车领域，准确估测剩余电量仍然面临一定的挑战。这主要源于多个因素的影响：过度充电与放电会加速电池老化，不稳定的电池内阻可能影响能量传递效率，以及复杂的环境因素（如温度变化等）都可能对电池性能产生显著影响。

随着电动汽车的应用越来越广泛，电池的运行条件变得多样化且难以预测。车辆在不同路况下的驾驶行为、频繁启停的都市环境，以及极端温度的变化等，都可能导致电池性能表现的不确定性增加。这些因素共同作用，使得我们对电池状态的精确估测变得更加复杂，需要更先进的算法和技术手段来实时监测和调整，以提供更加准确和可靠的 SOC 估算结果。

2. 电池组的均衡技术

电池组的均衡技术是针对串联电池包中电池电量或能量分布不均的一种解决方案。当电池组串联使用，尤其是在新能源电动汽车的电池系统中，电池之间的差异性导致在充放电过程中，各电池间的电压差异逐渐增大，影响电池的整体性能和使用寿命。因此，通过增加专门的电路元件或电路，来实现电池的均衡，成了电池管理系统中的一项关键任务。

常见的电池组均衡技术包括：

1. 电阻并联均衡技术

通过在电池单体两端并联功率电阻，消耗能量较高的电池单元多余的能量，利用控制大功率 MOSFET 的通断，动态调整电池的能量分配。

2. 电容并联均衡技术

利用电容器的储能特性，高能量的电池单元部分能量暂存到电容中，再通过电能的转移过程，实现能量在电池单体之间的流动。

3. 变压器均衡技术

基于反激式变换器原理，利用变压器作为能量转换器，实现电池组与单体电池之间能量的非散型转移，特别适用于电流较大的电池管理系统。

对于实际应用而言，选择合适的均衡技术需要综合考虑电池组的运行特点、能量管理需求等因素。在本项目中，采用变压器均衡方案，因其能量转移效率高、适合大电流应用的特点，更适合于解决电池组中的不平衡问题。同时，考虑到安时法和开路电压法各自的优势，项目采用了结合这两种方法的 SOC 估算技术。安时法能提供较高精度的 SOC 估计，而开路电压法则能提供电池充放电停止的指示，两者结合能更准确地估算电池在不同情况下的状态，确保系统的安全性和可靠性。

在选择均衡技术时，还需要考虑是否实施充放电双向均衡技术，以应对电池组运行中的具体需求。这种技术可以有效弥补传统电阻放电技术和变压器单向充电的不足，根据实际需要灵活调整均衡电流，从而提高均衡效率。总的来说，通过科学合理的电池组均衡策略，能够显著提升电池系统的稳定性和寿命，为新能源电动汽车的高效运行提供有力保障。

第四节　动力电池均衡管理

一、均衡系统分类

电动汽车电池的均衡控制方法在不断进化和发展，涵盖了各种先进的技术和策略。尽管如此，要对这些方法进行严格的分类并不容易，因为不同的分类标准往往会导致不同的分类结果。均衡控制管理方法并没有固定的标准界限，使得同一种方法可能在不同分类体系下被归类到不同的类别。

例如，"非耗散型均衡"和"双向均衡"这些概念就体现了均衡方法的多样性。如果按照"是否保护电荷"的标准来分类，某些均衡控制方法可能会被归入"非耗散型"，意味着它们在均衡过程中不会导致电荷的明显损耗；而按照"作用过程"的分类角度，则"双向均衡"可能是描述那些能够在充电和放电两个方向上进行能量转移的均衡方案。可见，这些分类标准之间并非完全独立，且同一方法可能兼具多重属性。

值得注意的是，不存在一劳永逸的最优均衡控制方案，选择最合适的方法应当考虑多方面的因素，包括但不限于电池的特定要求、系统的实际负载、成本预算、技术成熟度以及能源效率等。未来的高性能均衡方案趋势倾向于"非耗散型均衡"和"双向均衡"方法，这些方案在保持或增强电池性能的同时，还能有效减少能量损失，提升整体系统的运行效率和寿命。

因此，在选择电池均衡控制方法时，决策者应综合考量多个维度，基于具体的使用场景、性能目标和资源约束，合理评估并选取最适合的均衡策略，以确保电动汽车的高效、稳定运行。

（一）能量耗散型均衡与能量非耗散型均衡

电池均衡控制方案根据其在均衡过程中是否采取措施保护电池组的能量，主要分为能量耗散型均衡和能量非耗散型均衡两大类。

能量耗散型均衡通过在高荷电状态电池与并联电阻间建立连接，使得这部分电池的能量通过电阻转化为热能释放，直至其电压与其他电池一致。其实现过程基于定期监测各单体电池的电压，一旦发现某电池电压高于电池组平均电压，便立即启动并联电阻，使高电压电池部分能量得以消散。这种方案的硬件实施相对简便，成本较低，曾广泛应用于早期的均衡控制中。然而，其最大的缺陷在于通过消耗电池能量的方式实现均衡，同时产生的热量可能引发安全问题，尤其是对于电动汽车，通风不畅时易引起电池过热。

相比之下，能量非耗散型均衡则利用中间储能元件（如电容和电感）与一系列开关元件，将能量从高荷电状态的电池转移到低荷电状态的电池上，以实现电池组的整体均衡。在该方案中，中间储能元件扮演着能量传输角色，确保电池能量的转移而避免直接的能量损失。尽管能量非耗散型均衡在控制逻辑上更为复杂，它有效地解决了能量耗散型均衡方案中能量损耗和安全风险的问题。

值得注意的是，能量非耗散型均衡虽不是真正意义上的无损耗，但由于其采用了高效能量传输机制，整体能耗相比能量耗散型均衡方案更低。这使得能量非耗散型均衡成为当前乃至未来电池均衡控制技术发展的主要方向。通过更精确地设计控制逻辑与优化储能元件的应用，能量非耗散型均衡有望在满足电池均衡需求的同时，显著提高电动汽车等应用领域的安全性与效率。

（二）集中式均衡方案与分布式均衡方案

电池均衡的实现根据电路拓扑结构的不同，可分为集中式均衡方案和分布式均衡方案。集中式均衡方案采用统一的均衡器，结合逆变分压等技术，实现整个电池组内部能量的重新分配，以达成单个电池与电池组整体能量均衡的目的。与此相反，分布式均衡方案则是每个电池都有专门的均衡模块。

集中式均衡方案的优势在于，它能够快速地调动整个电池包的能量，用于平衡特定电池的能量。由于我们使用的是性能良好的公共均衡器，这使得均衡速度得到显著提升。从物理布局的角度看，集中式均衡模块通常具有较小的体积。然而，这种方案的一个显著劣势是电池间的竞争关系，即多个电池的均衡操作无法并行执行。此外，为了连接电动汽车的各个电池与均衡器，需要布置大量线束，这对于电池数量庞大的电池组并不适用。

（三）放电均衡、充电均衡与双向均衡

按照均衡的作用过程不同，可将均衡控制管理分为放电均衡、充电均衡和双向均衡。

1. 放电均衡

放电均衡可确保在放电过程中的各个单体电池能均匀放电，避免出现某个电池电量耗尽而其他电池仍有余量的情况。通过这种方式，电池组中的所有电池的电量可以被完全放空，实现一致性的放电效果，进而使电池组在下一次充电时能够充分发挥其效能。

在放电完成后，采用串联充电的方式，即所有电池通过同一个充电电流进行充电，直至任何一个电池的电量恢复到满容量为止。这种方法保证了每次充电过程中，电池能够充分利用其全部存储容量，提高了资源利用效率。

然而，放电均衡也有其局限性和缺点。首先，由于遵循"木桶效应"，充电过程受到最小容量电池的限制，无法实现全组电池的完全利用。其次，频繁地放空电池容量，尤其是将它们放至极低的深度，可能加速电池老化，缩短其循环寿命。最后，进行放电均衡操作需要消耗大量的能量，并且不总是符合实际需求，特别是在电池组还具有较多剩余容量时，这样的操作可能会导致资源浪费和效率低下。

因此，放电均衡虽然有助于提高电池组的一致性和利用效率，但其实施条件较为苛刻，且对电池的长期性能存在潜在负面影响。在设计电池管理策略时，需要综合考虑电池组的具体应用环境和维护要求，灵活选择最适合的均衡方式。

2. 充电均衡

充电均衡是在电动汽车电池充电阶段采取一种上对齐均衡充电技术，目的是在充电过程中确保所有单体电池的容量都能充至满值，即100%的状态。这种做法能够充分挖掘并利用每一颗电池的实际容量，使得在充电时电池组能够发挥其最大效能。

相比之下，充电均衡方式并未在放电阶段进行特别的调控或均衡处理，放电过程依然遵循"木桶原理"。这意味着在整个电池组中，放电能力是由容量最小的电池决定的，所有电池的放电量将以此最小容量为准，这可能影响到整体电池组的放电性能和效率。

值得注意的是，充电均衡方式具备更广泛的适用性。无论是电池组处于高荷电状态、中等荷电状态还是低荷电状态，充电均衡都能有效发挥作用，帮助电池组保持最佳的充放电性能。这相较于放电均衡方式而言，更为灵活多变，适应了不同使用场景的需求。

3. 双向均衡

双向均衡是一个融合了放电均衡方案和充电均衡方案优势的解决方案。它在充电和放电过程中均实施均衡控制机制，旨在确保每一块电池既能在放电时将电荷耗尽（SOC为0），也能在充电时充满电（SOC为100%）。通过加入放电均衡的过程，此方案不仅提升了电池的使用效率，同时也有效防止了单一电池过早退化的问题。

然而，正如任何先进的技术解决方案，双向均衡也并非无懈可击。在实际运行过程中，它可能会伴随着较高的能量损耗，对电池寿命构成潜在威胁。尽管如此，这一方案在电池健康管理方面展现出了独特的价值——它能够帮助精确评估电池的最大容量，为电池的性能监控和维护提供了关键数据支持。尤其是在电动汽车的日常维护中，双向均衡的运用能有效地对电池的健康状况进行实时诊断，提前识别潜在的性能衰退迹象，从而保障电池长期稳定的工作状态，延长其使用寿命。

因此，双向均衡通过平衡充电与放电过程中的电池管理，不仅提升了电动汽车的整体性能和用户满意度，也为电池技术的进一步发展和应用开辟了新的路径，是现代电动汽车电池管理系统不可或缺的重要组成部分。

二、能量耗散型均衡管理

能量耗散型均衡管理主要通过令电池组中能量较高的电池利用其旁路电阻进行放电的方式损耗部分能量，以期达到电池组能量状态的一致。

（一）能量耗散型均衡管理的特点

其通过单体电池的并联电阻来进行充电分流，以实现电量均衡。该方法的电路构造相对简单，均衡操作通常在充电阶段自动执行。不过，这种方法存在能量损失，因为均衡电阻在分配电流时会消耗一部分电能，同时，电阻产生的热量也会引发热管理挑战，对系统的整体效能构成影响。

此外，这种方法主要适用于静态均衡场景，其较高的温度上升特性限制了其在动态均衡中的应用，可能降低系统的整体可靠性。因此，这种方法更适合于小型电池组或容量较小的电池组，而不适用于需要频繁动态调整电量分布的大规模电池系统。在这些特定条件下，这种方法因其简单的实现和相对低的技术门槛，仍具有一定实用性。

（二）恒定分流电阻均衡充电电路

其为每个电池单体配置一个始终并联的分流电阻。这一设计旨在提高系统的可靠性，通过设定较大的分流电阻值来稳定电池单体之间的差异，尤其是通过减少自放电导致的能量损耗。无论电池处于充电状态还是放电状态，分流电阻都会持续消耗功率，由此带来较大的能量损失。

此方法适用于那些能及时补充能量的场景，因为在这些情况下，能量的微小损失可以通过后续的操作或充电周期得到补偿。然而，由于持续的能量损耗和潜在的散热问题，它可能不适合所有类型的电池管理系统或应用场景，特别是对能量效率有严格要求的系统。因此，在考虑采用此类技术时，应权衡其优点（如提升均衡效果和稳定性）与缺点（如较高能耗和可能的热管理挑战）。

（三）开关控制分流电阻均衡充电电路

在充电过程中，为了确保电池组的安全与均衡性能，通常会采取特定的均衡策略。其中，一个常见做法是在充电阶段对单体电池电压偏高的部分进行电压调节，这可以通过配置一个可控制的分流电阻来实现。当检测到某个电池电压超过预设阈值时，控制系统会激活对应的开关，使该电池通过这个分流电阻进行放电，以此来降低其电压水平，避免过充现象的发生。同时，为了避免多余能量造成浪费，这部分通过分流电阻释放的电量会被转化为热能散发出去。

值得注意的是，由于实际操作中可能存在均衡时间的限制，以及在电池组容量较大、内部电池数量多的情况下，所产生的热量可能会显著增加。因此，高效且可靠的热管理系统显得尤为重要，它能够迅速将这些热量从电池组中带走，防止局部过热引发的安全隐患，保证电池组的整体稳定性和寿命。综上所述，合理的电压均衡策略配合有效的热管理措施，是维护电池组安全、延长其使用寿命的关键环节。

三、能量非耗散型均衡管理

利用储能元件和均衡旁路构建能量传递通道，将其从能量较高的电池直接或间接转移至能量较低的电池。可以分为能量转换式均衡和能量转移式均衡。

（一）能量转换式均衡

能量转换式均衡是电池管理系统中的一种重要均衡策略，旨在通过能量转换的方式，实现电池组内单体电池之间能量的动态平衡，以提高电池组的使用效率和寿命，保障系统运行的安全性。该技术的核心在于通过特定的电路设计和控制算法，将电池组整体的能量或部分能量重新分配至特定单体电池，以调整单体间的电压差异，从而达到均衡的效果。

具体而言，在充电过程中，通过检测各个单体电池的电压值，当发现某单体电池电压过高时，均衡模块会启动并进行工作。此时，模块会将该单体电池中的充电电流进行适当的分流，以此降低其电压水平，进而减少电池过充的风险。分出的电流经由专门的转换电路后，被再利用，返回到充电总线，实现了能量的循环利用，最终实现了电池电压的均衡。值得注意的是，这种能量转换式均衡不仅能在电池充电时发挥作用，还能够通过配置特定的均衡电路，实现在电池放电过程中的能量均衡管理，进一步提升了电池管理系统的灵活性和全面性。

另一种形式的能量转换式均衡则采用了续流电感作为能量转换的媒介，通过电感的特性，实现单体电池与整个电池组之间能量的双向流动，以动态调整单体电池的能量水平，达到均衡效果。然而，这一方法同样面临着一些挑战，比如单体电池之间的电压均衡依赖于电感特性的一致性，以及可能存在的能量损耗问题，这都在一定程度上影响了均衡效果的精确性和稳定性。

相较于能量转移式均衡电路，能量转换式均衡电路具有较高的经济性和较低的复杂度，使得其在许多电池管理系统中得到了广泛应用。尽管如此，能量转换式均衡仍然存在一些局限性，比如同轴线圈的电磁特性差异可能导致的均衡误差，以及因能量转换和损耗带来的效率损失等。为解决这些问题，研究者一直在探索更加精确和高效的均衡算法及硬件设计方案，以进一步提升电池组的性能和安全性。

（二）能量转移式均衡

能量转移式均衡是一种电池管理系统中的关键策略，旨在通过能量的直接交换机制，实现电池组内部各个单体电池之间能量的动态平衡，进而提高电池组的整体性能和寿命，确保系统安全运行。这种方法的核心原理是利用电感或电容等储能元件作为媒介，将能量从能量较高的电池单元传输到能量较低的电池单元，以缩小单体电池之间的电压差。

在能量转移式均衡中，通常采用电容或电感作为能量交换的载体。例如，通过开关电路切换电容或电感，可以实现相邻电池之间能量的传递，从而达到均衡电压的目的。这种方式相较于能量转换式均衡，其能量损耗较小，但在均衡过程中往往需要多次传输，因此整体均衡过程可能会相对耗时，特别是在大型多串电池组的管理中，这种现象尤为明显。

为了提升均衡效率，一种改进的策略是在每次均衡操作时，优先选择当前电压最高的单体电池与电压最低的单体电池进行能量转移。通过这种方式，可以显著加快均衡速度，更快速地达到电压均衡的状态。

然而，能量转移式均衡面临的技术挑战也不少。在电路设计和实现阶段，需要精确测量并判断每个单体电池的能量状态，这通常要求高度复杂且体积较大的电路架构，导致成本增加。此外，能量转移过程中涉及的储能元件，如电容或电感的选择与匹配，对均衡效果有着直接影响。这些元件的性能和参数的设定，包括其容量大小、导通电阻等，都会影响能量转移的效率和稳定性。同时，能量的传输还需要克服损耗问题，包括传输过程中的能量转换效率损失以及储能元件本身的能耗等。

第五节　动力电池热管理

一、动力电池热管理系统的功能

动力电池热管理系统是一个重要的技术环节，其核心目标是维持电池系统处于理想的工作温度区间，从而确保电池性能、安全性和寿命的最大化。这套系统主要包括导热介质、测控单元和温控设备三大组成部分，它们协同作用实现了电池温度的有效调节与管理。

在系统运行中，导热介质与电池组紧密接触，扮演着热量交换的桥梁角色。电池在充电和放电的过程中会产生大量的热量，通过介质的高效流动，将这部分热能迅速地散发到外部环境，避免电池过热，引发安全风险，如热失控事故。

动力电池热管理系统具备多项关键功能：

电池温度的精准测量与监控：系统通过内置的传感器，实时监测电池温度的变化，确保电池始终处于安全、高效的温度区间内，为电池的充放电提供稳定环境。

高温条件下的快速散热：当电池温度升高至预设阈值时，系统立即启动散热机制，如风扇冷却、液冷系统等，以防止电池温度继续上升，引发热失控风险，保障车辆和乘员的安全。

低温环境下的快速加热：面对寒冷天气，系统能够迅速激活加热机制，如 PTC 加热器等，提升电池温度，确保在低温环境下电池的正常充放电性能，同时预防低温条件下可能的化学反应不活跃、性能下降等问题，保障电池组的可靠运行。

有害气体的有效排放：在电池发生故障或过热时，可能会产生有害气体，热管理系统设计有专门的排气通道，确保这些气体能够及时、安全排出，减少对环境和人员的潜在威胁。

温度场的均匀分布：通过精确调控，电池组内的温度分布尽可能均匀，避免局部过热现象，减少高温区域电池的加速老化，从而延长整个电池组的使用寿命，提高整体性能的稳定性和可靠性。

综上所述，动力电池热管理系统在提升电动汽车性能、安全性和延长电池寿命方面发挥着至关重要的作用，是现代电动汽车技术发展中不可或缺的一部分。

二、动力电池内传热的基本方式

（一）热传导

热传导是一种基本的传热方式，它在物质内部无宏观运动的情况下进行，即通过物质分子间的相互碰撞将热能从一个区域转移到另一个区域的过程。这种现象可在固体、液体和气体中均发生，不过，严格意义上，只有在固体介质中，热传导才能被视为纯物理过程，因为在这类介质中，粒子的相对运动不足以引起显著的流体动力学效应。

在流体介质（包括液体和气体）中，即使处于静态，也存在热传导，但由于流体分子的相对运动和密度的非均匀性，还会导致热流体向温度较低区域流动的现象，即所谓的自然对流。这意味着在流体介质中，热对流和热传导往往是并存且相互影响的两种热传递方式。

对于电池内部组件，如电极、电解液以及集流体等，它们都被视为有效的热传导介质。这些组件之间的热量交换直接影响电池的温度分布，进而影响电池的性能、寿命及安全。电池作为整体，其内部热传递不仅受到内部各部件间直接接触的影响，还受到电池与其外部环境之间的热交换作用。电池与环境之间的温度差决定了热传导效率，环境的热传导特性（如导热系数、热容量等）则影响了热能在电池与外界之间传递的速度和模式。因此，合理设计电池的热管理策略，以优化热传导路径和控制热流方向，对于提高电池性能、延长使用寿命以及确保电池安全至关重要。

（二）热对流

热对流是指流体流经固体时流体与固体表面之间的热量传递现象。热对流是依靠流体质点的移动进行热量传递的，与流体的流动情况密切相关。电池内的热对流是指电池表面的热量通过环境介质（一般为流体）的流动交换热量，和温差成正比。

（三）热辐射

热辐射是一种特殊的传热方式，它发生在两个温度不同的物体间，即便它们没有直接接触也能进行热量的传递。这种传热过程依赖于电磁波的发射和接收，是传热学研究的关键部分之一。在自然界的各个场景中，物体无时无刻不在通过热辐射的方式向周围环境或其他物体传递或吸收能量。

对于电池这类设备而言，热辐射的主要发生地在其表面，特别是当电池在运行过程中产生热量时，电池表面会以红外辐射的形式向四周空间散发热能。电池表面材料的性质，如其对特定波长范围电磁波的吸收率和发射率，对其热辐射效率有着决定性影响。一般来说，材料的吸收率高意味着它可以更有效地捕获外部辐射热，而发射率高则意味着它能更高效地将其内部的热量以辐射形式释放到环境中。因此，了解并优化电池表面材料的热辐射特性，对于提升电池的热管理能力、延长其工作寿命以及提高整体性能具有重要意义。通过设计具有高效热辐射特性的材料或结构，可以有效促进电池内部热量的快速散发，防止过热，从而确保电池的安全性和稳定性。

三、动力电池的冷却系统

（一）自然冷却

自然冷却是一种依靠外界环境因素，比如空气流动，来进行热交换的方法。在电动汽车中，像腾势这样的车型使用磷酸铁锂电芯时，就采用了这种自然冷却技术。自然冷却系统的优势在于其设计相对简单，成本较低，并且能够在有限的空间内实现有效冷却。

然而，自然冷却系统也存在一些明显的缺点。首先，它的散热效率通常较低，可能无法充分应对在高负荷充电和放电状态下产生的大量热量。这意味着，在需要快速充电或者高性能输出的场景下，车辆可能无法达到最佳的工作状态。其次，由于依赖于外部环境的风速和风向，自然冷却系统的冷却效果可能会受到天气条件的影响，尤其是在炎热或风力不足的情况下，可能无法有效散热。

尽管自然冷却有其局限性，但其成本优势和简化的设计使得它在那些对成本控制严格，且运行工况相对平稳的电动汽车上仍然具有一定的适用性。对于注重经济性和日常使用的消费者来说，自然冷却不失为一个性价比较高的选择。

（二）风冷

风冷作为一种广泛应用于电动汽车电池散热系统的技术，主要利用空气作为媒介进行热交换。该方法通过在电动汽车内部安装散热风扇，将空气吸入电池箱内，以此冷却电池及其控制系统。风冷系统能够通过人工或自然气流（如汽车行驶时的迎面风）提供冷却空气。

在历史上，诸如丰田普锐斯这类混合动力电动汽车以及尼桑、通用汽车等公司生产的热管理系统中，都有采用强制风冷形式。国内的各类电动车辆电源系统同样普遍采用风冷系统。

风冷系统具备以下优点：

1. 轻量化：风冷系统重量相对较轻，减少了车辆负载，有助于提升续航能力。
2. 安全：不存在泄漏风险，减少了电池液泄漏的危险。
3. 环境保护：电池发生故障时产生的有害气体可以得到有效的排放和通风处理。
4. 低成本：相较于其他冷却系统，风冷系统成本更低，易于实现。

然而，风冷系统也存在明显的缺点：

1. 热交换效率低：与电池表面的热交换系数相对较低，导致冷却和加热速度较慢。

2. 温度均匀性差：电池箱内部的温度均匀性难以控制，特别是在长时间使用后电池性能差异加剧时。

3. 密封与防护挑战：电池箱的密封设计较为困难，防尘和防水效果通常较差。

影响风冷散热效果的关键因素包括：

1. 电池性能一致性：电池组内各电池的产热率、能量效率、容量和性能需保持一致，以确保温度场的均匀性。

2. 进、出风口位置：合理的进、出风口布局对于维持电池组内的流场至关重要，不当的位置设置会影响温度均匀性。

3. 风机的选择：风机的类型、型号需根据电池组的特性选择，以实现最佳的温度控制和能耗优化。风机的压降、空气流量可通过实验、理论计算和数值模拟来确定。

4. 流通面积：在流动路径上逐渐减小流通面积，可提高空气流速和换热系数，但同时也增加了流动阻力。

5. 流场设计：合理的流场设计对于减少电池模块间的温度差异至关重要。

6. 电池包覆材料：不同包覆材料可以影响单体电池的散热效率，如在普锐斯中使用不同厚度的薄膜来提高温度均匀性。

7. 电池支撑材料：选用导热性能良好的支撑材料，有利于提高电池组内部的温度均匀性。

风冷技术在电动汽车电池散热中扮演着重要角色，但在实际应用中需要综合考虑上述因素以优化系统性能。

（三）液冷

液冷技术，作为提高电池冷却效率的先进方法，其核心原理是通过循环冷却液来带走电池在工作过程中产生的热量，以此实现对电池温度的有效控制。简单而言，液冷系统会在电池包内设置冷却管路，当需要降低电池温度时，通过管路通入冷水以吸收热量，反之，为提升电池温度时则注入热水。与风冷系统相比，液冷系统的温度控制效果更加出色，得益于液体介质与电池表面之间较高的热交换系数，不仅冷却和加热速度更快，而且占据的空间更小。

然而，液冷系统也存在着结构复杂、质量较重的缺点。这一技术要求配备水套、换热器等附加部件，使得系统的整体结构变得更为复杂，并增加了维修和保养的难度。尽管如此，随着新能源汽车行业对电池性能要求的日益提升，液冷技术因其显著的性能优势，已成为各大汽车制造商的首选方案。特别是在大型和中型纯电动汽车领域，液冷系统的应用已十分普及，而在小型纯电动汽车乃至插电式混合动力汽车中，采用液冷技术的新车型也日益增多，它们均充分展示了液冷技术在实际应用中的高效性和可靠性。

（四）直冷

直冷系统虽然与液冷系统在结构上有一定的相似之处，但它采取了更为直接的方法——将汽车空调系统的制冷剂直接注入电池包内部。在制冷剂经历气液相变的过程中，可以吸收大量的热量，从而迅速带走电池内部的热量，显著提高了散热效率。与液冷系统相比，直冷系统在提升换热效率方面有更显著的优势，甚至能够实现三倍以上的提升，这使得直冷技术成了提高电池冷却效能的关键。

以宝马i3为例，它正是采用了直冷系统，以进一步优化电池的工作状态和延长电池寿命。然而，直冷系统并非没有局限性。它对系统的气密性有着极高的要求，这对生产制造工艺提出了更高层次的挑战。此外，直冷系统的散热均匀性也难以完全控制，这可能引起电芯之间的温度差异过大，增加电池管理系统的设计复杂度，对电池性能稳定性造成潜在影响。因此，在享受直冷系统带来的高效散热优势的同时，也需要应对这些技术挑战，确保整个系统的安全可靠运行。

四、动力电池组热管理系统设计实现

（一）串行通风与并行通风方式

风冷系统根据其散热风道结构的不同，主要分为串行通风方式和并行通风方式两种。在串行通风方式中，空气沿着电池包的一侧流动至另一侧，以此来带走热量。这种设计下，气流将先行经过的区域的热量传递至后续区域，导致两处的温度产生差异，并且温差相对较大，影响电池包整体的散热效果一致性。

相比之下，采用并行通风方式的系统则更为注重散热的均匀性。在并行通风中，各个模块间的空气形成垂直上升的气流，这样有助于更加均匀地分配气流，有效带走热量，确保电池包内部各部分都能得到充分的散热，避免像串行通风方式那样在某一区域积累过多热量，导致局部温度升高。通过这种方式，不仅实现了电池包的整体温度均衡，也提升了电池的稳定性和使用寿命，同时提高了电池系统工作的安全性与可靠性。

（二）被动冷却系统和主动冷却系统

热管理系统按照其功能特性可以被区分为被动冷却系统与主动冷却系统两大类。被动冷却系统是一种低成本、简单设计的解决方案，其主要原理是直接将电池内部产生的热空气排至车体外部，以此来达到散热的目的。尽管这种方法实现起来相对容易且成本低廉，但其效率可能受到限制，尤其是在极端气候条件下，散热效果可能会大打折扣。

相比之下，主动冷却系统在设计上更加复杂，通常配备了一个内部循环系统，能够在电池系统内部进行温度控制。这一系统能够根据实际运行状态主动调节，确保电池始终保持在最佳工作温度范围内，从而最大化散热效能。主动冷却系统虽然需要额外的功率来驱动内部循环，但这带来的好处是显著的，尤其是在需要高效、稳定的散热管理需求较高的场景下，主动冷却系统的高性能和精确调控能力使其成为更优选方案。

总的来说，被动冷却系统以其简单性和低成本著称，而主动冷却系统则凭借其高效能和温度精准控制优势，为需要更高散热能力和可靠性的应用提供了理想选择。

（三）热管相变材料冷却

热管技术，作为一种高效的传热元件，通过巧妙利用热传导原理和相变介质的快速热传递性质，有效地解决了发热物体的散热问题。热管的基本结构包括管壳、填充有液体的吸液芯以及端盖，整个系统在真空状态下充入适量的工作液体。一旦管的一端（通常称为加热端）受热，工作液体开始蒸发，蒸汽借助微小的压差通过管子传输至另一端（冷凝端）。在此过程中，热量通过蒸发和凝结过程得以快速传递，最终在冷端释放。

热管在传热过程中包含了一系列复杂而相互关联的关键步骤：

1. 热量传递
首先，热量从热源向热管的一端传播，同时通过热管的管壁和含液体的吸液芯传递到（液 – 气）分界面。

2. 蒸发
在加热端的（液 – 气）分界面处，工作液体因受热而蒸发，转变为蒸汽。

3. 蒸汽传输
蒸汽在微小的压差作用下，从加热端流向冷凝端。

4. 凝结
到达冷凝端后，蒸汽在（气 – 液）分界面上凝结成液体。

5. 热量再次传递
通过（气 – 液）分界面，热量继续通过吸液芯、液体和管壁传给冷源，实现热量从加热端向冷凝端的有效转移。

6. 液体回流
在冷凝端，工作液体通过毛细作用被吸入吸液芯，随后在重力或其他毛细力的作用下回到加热端，形成闭环循环。

为了确保热管的高效稳定运行，其工作液体需要具备以下几个关键特性：

高汽化潜热：保证液体蒸发时吸收大量热量，提高热传递效率。

高导热系数：增强热管内部的热传导能力。

适宜的饱和压力及沸点：确保热管在工作环境下的稳定运行。

低黏度：减少液体流动阻力，提升蒸汽输送速度。

良好稳定性：确保工作液体在长期使用过程中性能保持不变。

这些特性的结合，使得热管成为在各种高温散热应用中不可或缺的高效冷却解决方案。

第六节　动力电池的电安全管理和数据通信

一、动力电池电安全管理系统的功能

（一）烟雾报警

在车辆的运行过程中，电池作为核心动力源，其安全至关重要。由于路况的复杂性和电池自身可能出现的过热、挤压和碰撞等问题，电池存在发生冒烟或着火等危险事故的可能性，这种极端情况不仅可能导致电池损坏，还可能威胁车辆整体的安全性及车内人员的生命安全。因此，对于车辆的动力电池管理系统而言，及时且有效的安全预警机制是必不可少的保障措施之一。

在动力电池管理系统的安全预警设计中，烟雾报警装置起着至关重要的作用。理想的烟雾报警装置应安装在驾驶员易于观察的位置，如驾驶员控制台附近。当检测到烟雾异常时，该装置能立即通过声光报警系统发出警报，并准确定位故障位置，以便驾驶员能够迅速作出反应，采取相应措施，最大限度地减小事故的损失和影响范围。

然而，考虑到烟雾的多样性及其复杂的形成机制，单一类型或功能的烟雾传感器难以覆盖所有潜在的火灾烟雾。因此，在选择烟雾传感器时，应优先考虑能够检测到电池燃烧时常见的烟雾成分，如一氧化碳和二氧化碳。这主要是因为电池燃烧过程中会产生大量此类有害气体，对人体健康和环境安全构成直接威胁。因此，采用对 CO 和 CO_2 敏感的传感器可以更精确地监测电池内部可能发生的火灾风险。

此外，在设计和选用烟雾传感器时，还需要考虑到传感器的耐用性和适应性。传感器需要能够承受车辆在不同道路条件下所经历的振动和冲击，防止外界因素（如路面灰尘、振动等）引发的误报现象。为此，传感器的设计应具备一定的抗干扰能力和自我校准功能，确保在车辆的长期应用过程中保持稳定可靠的工作状态，从而有效提升整个动力电池安全管理系统的效能。

（二）绝缘检测

电池组的漏电检测是确保电气系统安全的重要环节。针对这一需求，存在多种检测方法，以下将详细介绍三种常用的检测手段：

1. 漏电直测法

该方法利用万用表作为检测工具，操作简便且适用于现场故障检测及车辆日常检查。具体操作如下：

将万用表设置在电流挡位。

将万用表的一端连接到电池组的正极，另一端连接到设备壳体（或接地），此时，电池组负极与壳体之间的漏电流即可被检测到。

同理，将万用表的一端连接到电池组的负极，另一端连接到壳体，以此来检测电池组正极与壳体之间的漏电流。

这种方法的实施无须额外的仪器，适合于常规检查，能快速判断漏电现象的存在与否。

2. 电流传感法

此方法通过电流传感器来检测漏电情况，要求待测电池组在有工作电流流动的情况下使用。具体步骤包括：

将电流传感器安装在电池系统正负极动力总线路径上，确保方向一致。

在电池组正常工作状态下，若无漏电，则流入电流等于流回负极的电流，即穿过电流传感器的电流为零，传感器输出电压也为零。

当检测到漏电时，电流传感器输出电压将发生变化，根据电压正负，可以判定漏电电流源自正极还是负极。

此方法的前提条件是电池组必须处于工作状态，适用于评估电池组在实际使用中的绝缘性能。

3. 绝缘电阻表测量法

绝缘电阻表是一种专门用于测量绝缘电阻的工具，广泛应用于电工领域。操作时我们应有如下操作：

将绝缘电阻表连接到待测电池组的正负极上。

手摇发电机启动后，绝缘电阻表会读取两极间的绝缘电阻值，数值大小反映了电池组的绝缘性能。

这种方法通过直接测量电阻值来评估电池组的绝缘性能，适用于在电池组工作前进行预防性的绝缘检测，确保其电气安全性。

综上所述，这些检测方法各有特点和适用场景，根据实际情况合理选择合适的检测手段，能够有效地保障电气系统的安全运行。

（三）自动灭火

动力电池在工作过程中确实会产生热量，这是正常现象，但如若管理不当或发生异常，则可能导致温度失控，进而引发火灾。为了确保安全，防范措施至关重要，主要包括事前预警与自动灭火两个关键环节。

首先，通过事前预警系统，可以有效监控电池组的运行状态，及时发现并预防潜在的火情。一旦系统识别到异常情况，应能触发报警信号，为相关人员提供足够的反应时间，采取必要措施避免火势扩大。

其次，为了应对预警系统的潜在失效风险，我们引入了自动灭火系统。这套系统主要由单体式动力电池火情预警控制装置和动力电池专用新型气体自动灭火装置构成。其中，预警控制装置具备多传感器复合探测技术，实现全周期、全面覆盖的火情监测与智能分析预警，能够精准识别电池的热失控状态，并在紧急情况下迅速启动灭火程序。

最后，在实际车载应用中，自动灭火系统需要具备体积小、安装方便、易于维护、绿色环保、适应性强等特点，确保在各种环境和条件下都能可靠运行。此外，系统应具备火灾探测预警功能，能够自动或在人工干预下快速响应，同时确保灭火过程高效且效果显著。

通过上述手段的结合运用，可以在很大程度上减少或避免动力电池火灾事故的发生，从而最大限度地保护电动汽车及其乘客的安全，确保出行更加安心、可靠。

（四）过充电控制

过充电是指电池在充满电之后，仍持续接受充电电流的现象。设计时，考虑到负极容量通常高于正极，正极释放的氧气与负极产生的镉复合，因此在正常操作下，电池内压维持在一个可控范围内，不会导致明显升高的情况。然而，如果充电电流过大或者充电时间过长，产生的氧气不能及时消耗，可能会引发电池内压升高、外形膨胀、液体泄漏等不良现象，并显著降低电池的电性能。

为了防止电池过充，采取合理的充电控制策略至关重要。主要有以下几种方法：

1. 峰值电压控制

通过监测电池达到的峰值电压，一旦达到特定的电压阈值，即认为电池已充满，停止充电。

2. dT/dt 控制

测量电池充电期间峰值温度的变化速率。当温度变化速率降至某一预设值以下，说明电池接近充满状态，此时停止充电。

3. 温度控制

当电池充满时，其内部温度与外部环境温度之差将达到最大值，以此作为充电终点的判断依据。

4. 电压控制

当电池电量达到一个预设的峰值电压后，若电池电压下降到一定幅度，说明电池已基本充满，停止充电。

5. 定时控制

预先设定一个充电时间限制，如以达到130%标称容量所需的总充电时间为依据来控制充电过程的终点。

6. TCO 控制

考虑到安全因素，为避免电池过热导致的性能损害，当电池温度上升至60℃时，立即停止充电，尤其在普通操作场景中，这一温度被认为是电池充电过程中的一个重要安全阈值。

通过采用上述控制策略之一或结合多种方法，可以有效地防止电池过充，保护电池性能，延长电池使用寿命，并确保用户使用安全。

二、动力电池数据通信

数据通信在动力电池管理系统中扮演着核心角色，涵盖了多个层面的通信需求。首先，动力电池管理系统内部主控板与检测板之间，以及与车载主控制器、非车载充电机等外部设备之间的通信，构成了系统的通信架构基础。此外，具备参数设定功能的动力电池管理系统还允许主控板与上位机间的通信，实现更为精细化的控制与管理。

当前，CAN 通信方式因其在汽车领域的卓越表现，已成为电池管理系统通信领域的主流选择。CAN 总线由德国博世公司设计，专为汽车监控系统的复杂需求而生，以其可靠性、实时性和灵活性的特点，成了行业内的技术标杆，并为诸多知名汽车制造商广泛采纳。相比其他车载网络，CAN 总线在数据传输上的优势明显，奠定了其在汽车总线领域不可动摇的地位。

HS－232 是 IBM PC 及其兼容机上的通用串行连接标准，广泛应用于打印机、鼠标等外设的连接，同时也可用于工业仪器仪表的通信。RS－232 总线标准则主要用于主控板与上位机间的通信，其主要功能在于设置和读取主控板、检测板的各项参数，确保数据的准确传输与系统配置的高效管理。

RS－485 总线标准则是针对总线式串行通信网络设计的，其电气特性规范包括两个逻辑状态的定义以及数字信号的差分传输方式。RS－485 总线在通信网络中的应用较为广泛，但它并未明确规定通信网络的应用层协议，这意味着用户或开发者可根据自身需求构建相应的通信协议，增强系统的灵活性与适应性。

在车载模式下，电池管理系统中央控制模块通过 CAN1 总线向整车控制器及电机控制器等发送实时且必要的电池状态信息，这有助于实施更加有效的控制策略，既保证任务的完成，也保护电池免受过度损耗。此外，中央控制模块通过高速 CAN2 向车载监控系统传递详细的电池信息，包括状态显示与故障报警，为电池的维护与更换提供决策支持。

进入应急充电模式时，充电机与电动汽车物理连接，车载高速 CAN2 的加入使得充电机能够实时获取电池状态，进而调整充电策略，实现安全、高效的充电过程。这一通信模式不仅确保了电池在充电阶段的数据流畅通，也为整个充电流程的安全与效率提供了坚实的技术保障。

第五章

新能源汽车的充电管理与电池检修

第一节 新能源汽车的充电管理控制

一、电池充电方法

(一)常规充电方式

常规充电方式,通常被称为恒压、恒流充电方式,是一种以较低充电电流为蓄电池充电的充电方式,电流大小大约在15A。以120A·h的蓄电池为例,这种方式下的充电时间大约需要持续8小时。这种充电方式的工作和安装成本相对较低,因此在电动汽车家用充电设施(车载充电机)和小型充电站中被广泛采用。

车载充电机是纯电动轿车最基本的充电设备,作为标准配置固定在车体上或放置于后备厢内。充电过程通常由客户自行完成,只需要将车载充电器的插头插入停车场或家中的电源插座即可。由于充电电流较小,电功率有限,一般使用220V/16A规格的标准电网电源供电。在电池状态估计占比达到95%以上时,典型的充电时间为8~10小时。这种充电方式对电网的要求并不严格,任何能满足照明要求的供电质量即可,尤其适合在家庭充电或低电价时段进行,有助于提高电能的利用率。电力部门常提供优惠措施,如在低电价时段充电给予折扣。

小型充电站是另一种重要的充电方式,充电机设于街边、超市、办公楼、停车场等公共场所。这类充电站采用常规充电电流充电,能够满足不同用户的充电需求。当车辆停靠在指定位置后,只需连接电线即可启动充电过程。通常采用投币或刷卡的方式进行计费。充电功率一般在5~10kW,供电电压为380V的三相四线制或220V的单相供电。小型充电站的充电速度较快,补充能量时间短,充满电通常需要5~8小时(在SOC占比达到95%以上时),适用于快速充电的需求,方便用户在出行前后及时为车辆补充电能。

这两种充电方式各有特点,既考虑了成本效益,又兼顾了用户便利性和充电效率,共同支撑着电动汽车的普及和使用。

(二）快速充电方式

快速充电方式，作为一种高效补能技术，以高达 150 ~ 400A 的大电流进行充电，能够在短时间内显著提升电池的电量，最高可达上百千瓦的充电功率。与传统的恒压、恒流充电方式相比，快速充电的成本相对较高，主要用于解决快速补能的需求，尤其是在长距离旅行或紧急情况下。快速充电也被称作迅速充电或应急充电，其关键目标是将电动汽车的充电时间缩短至与传统燃油车加油相近的时间。

电动汽车充电设备的组成包括充电站及其相关配套设施，例如充电机、充电站监控系统、充电桩、配电室和安全防护设施等。大型充电站（机）通常采用快速充电方式，具备较高功率输出能力，通常大于 30kW，并且使用三相四线制的 380V 供电系统，能够满足快速充电的需求，典型的充电时间在 10 ~ 30 分钟。

快速充电方式对电池寿命有着潜在的影响。普通蓄电池不适宜进行快速充电，因为在短时间内接受大量电量可能会导致电池过热，而锂离子电池在快速充电过程中则可能引发着火或爆炸的风险。为了应对这一挑战，快速充电站只能配备非车载快速充电组件，即直流充电桩，这类设备能够提供高达 35kW 甚至更高的功率输出，但同时也对电网的承载能力和稳定性提出更高要求。因此，这类充电设施通常建议部署在 10kW 变电站附近、监测站或服务中心中，同时需采取有效的谐波抑制措施以减少对电网的干扰，考虑到较高的安装和运行成本，快速充电站仅适合在大型充电设施中使用。

(三）无线充电方式

无线充电技术主要包括电磁感应式、磁场共振式和无线电波式三种方式。当前，电动汽车的非接触充电研究领域中，电磁感应式充电方式是最为成熟和广泛应用于实践的技术。该技术无须接触，通过在供电线圈和受电线圈之间提供电力，实现对电动汽车电池的充电。日产和三菱等公司已开发出相关产品，其工作原理在于，将受电线圈置于汽车底盘，供电线圈则置于地面，当电动汽车驶入供电线圈区域时，受电线圈即可接收来自供电线圈的磁场能量，从而对电池进行充电。然而，这种充电方式的成本仍然相对较高，目前仍处于实验室研发阶段，其实际效果和长期可靠性还需进一步验证。

无线充电的实现类似于在车内使用移动电话：通过将电能转换为特定频率的激光或微波束，利用汽车顶部的专用天线接收，以实现快速充电。未来，公路上的电动汽车可以通过安装在电线杆或其他高层建筑上的发射器进行快速充电，费用则通过预先安装在车辆上的支付卡自动扣除。

电磁感应式无线充电技术突破了传统的电源插座和充电电缆限制，通过埋设在路面下的充电板直接向汽车电池传输电能，从而实现"路面充电"。这项创新将显著缩短充电时间，如以沃尔沃 C30 电动车为例，对于 24kW·h 容量的电池组，在电池完全放电后，预计只需约 1.33 小时就能完成充电。

无线电波充电方式也可称为移动式充电，旨在让电动汽车在道路上行驶时自动充电，实现真正意义上的"移动充电"。在这一系统中，充电区设置在路面上，无须额外空间，既方便又高效。移动式充电系统分为接触式和感应式两种实施方式。接触式系统在车辆底部安装接触拱，通过与嵌入路面的充电元件接触获取电流进行充电。感应式系统则以感应线圈替代接触拱，并以产生强磁场的高电流绕组替代地面的充电元件，从而实现能量传输。显然，接触式系统因涉及机械磨损和安装位置等问题，不如感应式系统受欢迎。

电磁感应式非接触充电系统面临着一系列挑战。首先，它的送电距离相对有限，横向偏差大时，传输效率显著降低，目前仅能实现10厘米左右的传输距离，而这远远小于汽车底盘与地面间的距离，因此实际应用受限。此外，系统的散热问题不容忽视，尤其是在线圈之间的热管理，以确保系统的稳定性和寿命。

其次，电磁波的耦合引发辐射问题，存在较大的磁场泄漏风险。这不仅可能对周边环境和人员造成潜在影响，也需采取措施确保不会对人体健康构成威胁，如设定合适的电磁辐射安全标准。

最后，杂物和动物进入线圈区域的风险不容小觑。一旦产生电涡流，就可能引起类似电磁炉的电磁干扰，安全问题尤为突出。因此，设计时需充分考虑抗干扰和防异物能力，保障系统的安全性。

磁场共振式充电技术，尽管被认为是未来广泛应用于电动汽车的无线充电方式之一，当前仍面临小型化、高效化难题。现有的技术水平大约能在1米的距离提供60瓦的功率，对于实际应用而言，仍有提升空间。

至于无线电波式充电方式，它提出了一种"太空太阳能发电技术"的设想，若能实现，将从根本上解决电力供应问题。这种技术有望彻底改变电动汽车的充电方式，使它们在生产至废弃的全生命周期内，无须频繁考虑电力补充问题。

未来，随着电动汽车的发展，无线充电技术将在多个领域展现出广阔的应用前景。从普通充电到快速补充充电，再到可能的"太空充电"，充电方式将更加智能化和便捷。特别是当结合太阳能电池、无线充电以及自动驾驶技术时，将有可能彻底颠覆现有的交通概念，实现汽车、电脑、手机等设备的全自动驾驶与自动供电。

当前，电动汽车的充电方式主要依赖于常规的充电桩，但在特定场景下，快速充电站作为补充手段，尤其适用于电动公交车这类全天运营的车辆。这些车辆通常在晚间低谷时段充电，时间为5~6小时。而对于连续行驶的车辆，当续航不足时，可利用休息期间进行快速补充充电。充电器的数量和容量应根据车队规模合理配置，通常由车队自行管理。

二、充电机功能简介

（一）充电机

随着我国新能源汽车，尤其是纯电动汽车的快速发展，电动汽车充电站及其配套充电设备正逐渐成为新能源交通领域的核心设施。充电机作为关键设备，其功能是专为电动汽车的车用电池提供充电服务，按照安装位置的不同，充电机又分为车载式和非车载式两大类。

车载充电机是指直接安装在电动汽车内部的充电设备，它主要通过特定的充电方式来完成对车载蓄电池的充电任务。而非车载充电机则是指独立于电动汽车之外，通过与交流电网相连，为电动汽车动力电池提供直流电能的充电机。值得注意的是，安装在充电站的非车载充电机还具有计量计费功能，旨在提高能源使用效率和经济性。

充电机通常需要具备为磷酸铁锂离子电池、铅酸电池、镍氢电池这三种常见类型的动力电池充电的能力，适应多种电池类型的需求。

从充电电流种类上区分，充电桩主要分为交流充电桩和直流充电桩。交流充电桩安装在电动汽车外部，通过与交流电网连接，为电动汽车车载充电机提供交流电源，同时具备了计量计费功能。而直流充电桩则是一种固定安装在电动汽车外侧的设备，它与交流电网相连，为电动汽车动力电池提供高功率的直流电能。相较于交流充电桩，直流充电桩具备更强大的充电功能，能够实时监测和控制正在充电的电池状态，同时精确计量充电电量，确保充电过程的高效和安全。

（二）充电机充电设定方式及功能

充电机的充电设定方式可分为自动设定方式和手动设定方式。

1. 自动设定方式

自动设定方式是指在充电过程中，充电机依据蓄电池管理系统提供的数据动态调整充电参数，执行相应动作，完成充电过程。

2. 手动设定方式

手动设定方式指的是充电机操作人员通过直接设定充电机的工作参数，包括充电模式、充电电压以及充电电流等，确保这些参数符合电动汽车电池管理系统的最大容许范围。在操作人员正确设置参数后，充电机将根据预设参数执行充电操作，直至完成整个充电过程。为了保证操作的准确性和安全性，充电机在采用手动设定方式时应配备清晰的操作指引信息。

充电机的核心组成部分之一是高频开关电源模块，其功能是将普通交流电源转换为高质量的直流电源。该模块通常基于脉冲宽度调制原理工作，并包含多个关键组件，如全波整流器及滤波器、高频变换器与高频变压器、高频整流滤波器等。此外，模块内部配置有监控功能，能够显示输出电压与电流值，当监控系统发生故障或退出服务时，模块将自动停止输出电压。正常情况下，模块需与充电机的监控单元保持通信，接收并执行监控单元发送的指令。

高频开关电源模块配备了多项保护功能，包括交流输入过压保护、欠压报警、缺相告警、直流输出过压与过流保护、限流与短路保护、模块过热保护及故障报警机制。为了便于操作，模块通常装有报警与运行状态指示灯，并将异常信号上送至监控单元。同时，模块设计有电容性负载下的带电插拔功能与软启动功能，软启动时间通常为 3～

8 秒，以避免在启动瞬间出现电压冲击。

充电机的交流输入线路被合理分配到各个高频开关电源模块上，确保在脉冲整流过程中电力的均匀分配。模块具备可更换功能与软启动特性，启动时间一般在 3 ~ 8 秒，有效减弱电源冲击。充电机具备限压与限流特性，当充电机处于恒流充电阶段，如果直流输出电压超过设定限值，充电机会自动限制电压上升。而在稳压状态下，如果电池充电电流或总输出电流达到限值，充电机会自动切换至限流状态，控制输出电流的增加。

适用于充电机的电池类型广泛，包括但不限于镍铬电池、镍氢电池、铅酸电池以及锂离子电池等。充电机采用智能化充电策略，能够自动适应不同电池的充电特性曲线，实现"恒流 – 恒压限流 – 涓流浮充"的智能充电模式，确保电池高效、安全充电，避免过充电现象，最终实现充电过程的全自动切换。

（三）充电功能

1. 智能三阶段充电模式

智能三阶段充电模式是一种高效的电池充电方案，它主要包括三个阶段：恒流充电、恒压限流充电和涓流浮充。

在充电初期，系统采用恒流技术，保持充电电流的稳定，这一做法不仅可以避免对电池造成损害，还能有效防止电池老化加速。随着电池电量的增加，当充电电压达到预先设定的上限值时，系统会自动转变为恒压限流充电阶段。此阶段通过维持恒定电压，同时限制充电电流，可以显著提升电池容量的转化效率，进而提高电池的整体性能和续航能力。

最后，进入涓流浮充阶段。在此阶段，系统以极低的电流向电池持续供电，确保各单体电池能够均衡接收电能。这样不仅能够最大化恢复电池容量，还能够有效缓解单体电池间电压不均衡的问题，避免电压波动导致的过压充电风险，从而极大地延长了电池的使用寿命。

该充电模式之所以适用范围广泛，一个关键原因在于它的充电电流可以灵活设定在 10% 至额定值的任意范围内，而且这种设置不会受到输入交流电压变化的影响。在恒流充电期间，充电电流始终保持恒定，无须人工进行调整，这为不同类型的电池提供了高度兼容性和灵活性，同时也简化了充电过程的操作，提高了充电效率和电池维护的便捷性。

2. 特殊功能数据转储和处理

在充电流程完成之后，我们可以利用数据采集功能，将获取的信息保存至 U 盘或者通过 RS232 接口直接传输至计算机。这些数据经过配套的软件后台处理后，将自动生成多种图表，为评估整个电池组的性能和判断其优劣提供科学依据。

特别需要注意的是，在充电机启动以及充电过程中遭遇停电后需要恢复充电时，应采取人工确认的方式来进行操作。为了确保安全和操作的便利性，充电机应当配备急停开关，以便在必要时快速中断充电过程，防止意外发生。这样的设计不仅确保了设备操作的安全性，也便于用户在发现异常情况时及时采取措施。

（四）监控功能

直流充电机的监控单元在设计上应当具备一系列完善的监控功能，以确保充电系统的高效、安全运行。具体功能如下：

1. 模拟量测量显示功能

监控单元应能实时显示充电机的各项关键参数，包括交流输入电压、输出电压/电流以及各高频电源模块的输出电流。其中，电流测量精度在覆盖20%～100%额定电流范围内的误差不超过±1%，电压测量精度在90%～120%额定电压范围内则不超过±0.5%，确保了数据的准确性和可靠性。

2. 控制功能

监控单元需能够适应不同运行模式，实现充电机从恒流限压充电到恒压充电最后停止充电的自动化控制过程，有效保障充电过程的平稳和效率。

3. 告警功能

当出现如交流输入异常、电源模块告警/故障、直流输出过/欠压、直流输出过流、直流侧开关跳闸/保险丝熔断、充电机故障、监控单元与系统通信中断等情况时，监控单元能够立即发出声光报警，并通过硬接点形式和通信口向监控系统报告，以及时响应并处理问题。

4. 事件记录功能

为了追踪充电过程中的关键事件，监控单元应能记录不少于100条历史事件，包括但不限于充电机告警、充电开始/结束时间等重要信息。同时，它还能够存储至少20次充电过程的曲线数据，确保事件记录和曲线数据在系统断电后仍然能够保持完整，提供详尽的故障分析依据。

5. 参数调整和操作权限管理功能

监控单元应具备充电机参数调整和操作权限管理的功能，允许用户根据需求调整运行参数，同时通过密码保护机制确保只有授权人员才能执行关键操作，从而提升系统的安全性。

6. 对时功能

为了确保所有设备的时间同步，监控单元应支持PPS、PPM、IRIG-B等多种对时协议，并能够接收GPS标准时钟信号。该系统对时误差应控制在1ms以内，确保了时间和日期的一致性和准确性，对于调度和故障排查等场景至关重要。

通过上述各项功能的集成，直流充电机的监控单元不仅能够实时监控充电过程中的各项关键指标，还能在异常情况发生时及时提醒并采取相应措施，为充电系统的安全稳定运行提供了坚实的技术保障。

（五）显示功能

显示功能应显示的信息如下。

①电池类型、充电电压、充电电流、充电功率、充电时间、电量计量和计费信息。
②在手动设定过程中应显示人工输入信息。
③在出现故障时应有相应的提示信息。
④可根据需要显示电池最高和最低温度。

（六）通信功能

通信功能在电池管理和充电系统中扮演着至关重要的角色，它涵盖了多方面的信息交换与状态监控。具体来说，通信功能主要包括以下几个关键内容：

1. 蓄电池组相关数据

包括蓄电池组标识、类型、容量、状态、故障代码、电压、充电电流、充电功率、充电时间和累计充电电能，以及单体蓄电池的电压、荷电状态和温度。

2. 充电机状态信息

监控充电机的工作状态、故障代码、交流侧开关的状态、直流输出电压、直流输出电流、直流侧开关状态以及开关是否跳闸。

3. 监控单元与系统间通信

监测监控单元自身的输出故障情况，以及判断充电机与监控系统的通信是否中断。

4. 后台监控系统的控制指令

接收并执行来自后台监控系统的命令，如控制充电机开机/关机、实施紧急停机、调整充电机的参数设置等操作。

通过这些通信功能，系统能够实现实时监测、状态预警、远程控制等功能，确保电池的健康运行和充电过程的高效管理。

（七）电动汽车智能充电及管理系统

电动汽车智能充电及管理系统整合了多项核心功能，以提升车辆使用体验和效率。首先，均衡充电功能通过动态调整确保每个电池单元的充电平衡，有效延长电池寿命并实现快速充电，仅需 10~15 分钟即可充电至 80% 以上，足以支持高达 300 千米的续航里程。其次，内阻检测功能利用智能检测技术对电池状态实时监控，不仅能够预测各节电池的供电性能，还能迅速识别劣化电池，为维护提供科学依据。

系统还具备强大的除硫养护功能，通过抑制硫化现象，电池容量恢复至 95% 以上，实现了对电池的长期在线养护和修复，显著提升电池性能和寿命。电量计费功能则确保了充电过程的透明度和经济性，包括精确的电量计量、用户消费统计等，为财务管理提供便利。

联网监控功能利用现代通信技术，如 GPS 定位、CAN 总线和载波通信，实现远程控制和数据采集，实时监测充电、配电和电池维护情况，并在发生异常时自动报警，确保系统的安全运行。同时，系统能够估算电动汽车的续驶里程，帮助用户预知电量状态，防止电量耗尽导致的出行困扰。

在抗磁干扰功能上，系统采用了双绞屏蔽网络通信线、金属管包裹和多级滤波电路，结合严格遵守通信协议和多重校验设置，有效防止外部电磁干扰，确保数据传输的稳定性和准确性。

最后，人机交互功能通过触控数字液晶屏和语音提示，提供直观友好的操作界面，显示关键信息如电量、充电状态、费用等，同时支持打印单据，为用户提供便捷的操作体验。综合以上功能，电动汽车智能充电及管理系统在提升充电效率、保障电池健康、优化用户体验等方面展现出显著优势。

三、传导式充电接口

（一）充电接口形式

电动汽车的传导式充电接口主要适用于交流电压最高值达 380 伏特以及直流电压最高值达 600 伏特的充电需求。为了满足这一需求，国家标准规定了两种类型的充电接口，分别是交流充电接口和直流充电接口。前者主要用于将家用或工业交流电网连接到电动汽车的车载充电机上进行充电，后者则是专门用于通过非车载充电机（如公共充电桩）对电动汽车进行直接充电。

在设计和制造电动汽车的充电插头和充电接口时，标准对其材质选择、接触电阻、额定电流与电压、插拔力、电气性能、防水等级、断开状态、充电状态、防松结构、以及及时断开机制等关键参数进行了严格规定。这些规定旨在确保充电过程的安全可靠、高效便捷，并且能适应各种环境条件，从而为用户提供无缝的充电体验。材质的选择应满足耐高温、防腐蚀和绝缘要求，以保证长期使用的稳定性。接触电阻需控制在合理的范围内，以减少能量损耗。对于额定电流和电压的设定，我们则需考虑不同充电设施的供电能力，以及车辆的实际充电需求，确保安全高效的充电过程。插拔力的规定则旨在防止意外插拔造成的损伤，而电气性能、防水等级、断开状态等则是为了保证充电系统的可靠性与安全性。此外，防松结构的设计和及时断开机制的实施，更是为了预防振动或其他外力导致的连接失效，确保充电接口在各种使用场景下的稳定性和安全性。

（二）充电模式及安全措施

电动汽车的充电模式主要涵盖充电模式 1、充电模式 2 和充电模式 3，这三种模式依据不同的供电类型和设备配置，服务于多样化的充电需求。

1. 充电模式 1

充电模式 1 适用于利用车载充电机对电动汽车进行充电，其交流充电接口端子连接方式遵循标准化规则：L（火线）、N（零线）、PE（保护接地）、CP（控制连接确认）、CC（充电连接确认）五端口的连接方式。

2. 充电模式 2

充电模式 2 侧重于通过特定的供电设备提供交流电源给电动汽车充电，根据额定电压及电流的不同等级分为多个子模式：

模式2.1：采用单相220V交流电源，电流为32A。充电接口端子连接方式为L1（火线）、N（零线）、PE（保护接地）、CP（充电连接控制）、CC（充电连接确认）。

模式2.2：采用三相380V交流电源，电流同样为32A。充电接口端子连接方式为L1、L2、L3（三条火线）、N（零线）、PE（保护接地）、CP（充电连接控制）、CC（充电连接确认）。

模式2.3：采用更高级别的三相380V交流电源，电流达到63A。充电接口端子连接方式为L2、L3（两条火线）、N（零线）、PE（保护接地）、CP（充电连接控制）、CC（充电连接确认）。这些模式普遍应用于商场、停车场等公共场所的充电设施。

3. 充电模式3

充电模式3专为高速公路服务区、充电站等场所设计，采用非车载充电机进行直流充电。其配置包括额定电压600V、额定电流300A的设备，充电接口端子连接方式则包含DC＋、DC－（正负极）、A＋、A－（辅助连接）、PE（保护接地）、S＋、S－（安全连接），以及AN屏蔽等端口。为了方便识别，不同充电模式通常通过颜色标识区分，如蓝色对应充电模式1，黄色对应模式2.1，橙色对应模式2.2，红色对应模式2.3和模式3，以确保用户正确对接充电接口。

4. 安全措施

在供电和充电过程中，安全至关重要。因此，我们通常会要求在供电装置一侧安装漏电保护装置，推荐采用手动或自动断路器。在充电接口的物理连接中，应遵循先接保护接地端子后连接控制确认端子的原则，以确保充电过程的安全启动。同样，在断开充电接口时，应当先断开控制确认端子再断开保护接地端子，以避免任何可能的危险。这些安全操作步骤是保障用户和设备安全的重要实践。

（三）充电接口工作原理

1. 端子连接顺序

出于对充电过程中的安全考量，充电接口的物理连接与断开遵循特定的顺序原则，以确保电气设备和人员的安全。

在连接过程中，首先，应该确保安全可靠地连接的是保护接地，其次，按照直流电源的正极与负极，再次，连接电池管理系统所需的低压辅助电源的正极与负极，最后，完成充电通信的CAN总线连接。这一系列的操作步骤保证了从安全性出发，逐步建立充电环境的连通性。

相反，在充电过程结束需要断开接口时，应遵循相反的步骤进行操作，即首先断开充电通信的CAN总线，紧接着断开低压辅助电源的连接，之后是电池管理系统的辅助电源连接，最后完成直流电源的切断与保护接地的解除。这一反向操作的逻辑有助于在断开时避免潜在的电击风险和其他安全事故。

这样的操作流程体现了对充电系统安全性的高度关注，确保每一次充电活动都能在最大限度上减少任何可能的风险，保障用户和设备的安全。

2. 确认充电接口的连接

电动汽车的车辆控制装置在执行充电过程时，具备一系列复杂而精细的监测机制，旨在确保充电安全、高效。其中，一个关键的功能就是通过检测峰值电压来判断充电插头与充电插座是否已经完全对接并建立了可靠的连接。

当插头插入插座后，车辆控制装置会开始监测电路的响应情况，通过测量检测点的峰值电压来确认充电电缆与充电插座之间形成了稳定的电气连接。一旦峰值电压达到预期值，说明充电接口已经正确进行了物理连接。

在确认物理连接的基础上，车辆控制装置进一步通过检测点 2 的电压值来识别充电电缆的电流承载能力。这一步骤旨在验证电缆能否承受预期的充电电流需求。根据检测点 2 的电压信息，系统可以计算出当前充电设备所能提供的确切电流值。同时，通过分析该点的占空比，即开关周期内导通时间与整个周期的比例，车辆控制装置能够更精确地确定供电设备的实际电流输出能力。

完成电流能力的初步评估后，车辆控制装置将对三个关键参数进行比较：供电设备、充电电缆以及车载充电机所支持的最大电流值。这三个数值代表了系统实际能提供的最大充电电流、电缆安全运行的最大电流值，以及车载充电机的设计负载。通过对这些数据的综合考量，车辆控制装置最终会选择其中最小的电流值来指导充电过程，确保不会超过任何环节的限制，从而实现既安全又高效的充电操作。

这一系列精心设计的流程不仅确保了充电过程的顺畅与安全，也使得电动汽车的用户能够在使用过程中获得更好的体验，同时也延长了充电设备与车载组件的使用寿命。

3. 输出功率调整

在充电过程中，车辆控制装置对检测点 2 信号的占空比进行不间断地监测，当接收的振荡信号占空比有变化时，车辆控制装置实时调整车载充电机的输出功率。

4. 充电系统的停止

在电动汽车的充电系统中，确保安全且有效充电的机制至关重要。这一系统主要通过监测和反馈机制来实现。充电过程中的核心部分包括车辆控制装置和供电设备的协作。

首先，车辆控制装置持续监控充电过程，特别是在测量检测点 2 的峰值电压或占空比时。若监测到异常信号，车辆控制装置会立即采取行动，关闭车载充电机的输出，以防止潜在的过载或短路等危险情况发生。同时，供电设备也需在充电过程中不断检查检测点 1 的峰值电压，一旦发现异常，则会断开交流输出端的接触器或开关，进一步保障充电安全。

正常情况下，供电设备内的开关通常处于闭合状态。当充电电缆正确连接至电动汽车时，供电设备通过检测点 1 对充电电缆的连接情况进行评估。一旦确认充电电缆已正确连接，系统会接收到启动信号（如通过刷卡等方式），供电设备便会闭合其交流输出端的接触器或开关，开始为电动汽车的车载充电机提供电力。

车辆控制装置在这一过程中发挥着关键作用，它通过检测点 2 的峰值电压，验证充电插头与充电插座之间的物理连接是否稳固。只有在确保插头与插座充分连接后，车辆控制装置才会允许充电过程继续进行，确保充电操作的顺利和安全。

5. 充电系统的起动

在电动汽车与外部电源建立起电气连接之后，通过一系列的检测与计算确保充电过程的高效与安全。其中，车辆控制装置在连接完成后，会精确测量检测点 2 的峰值电压，以此确认充电电缆的额定电流——这一过程是基于电阻的阻值与充电电缆额定电流之间存在直接对应的规律来实现的。

在确定峰值电压的基础上，车辆控制装置进一步通过分析占空比的数据，判断出供电设备当前所能提供的最大充电电流值。随后，车辆控制装置会对这一信息与充电电缆及车载充电机的额定电流值进行比较，最终选取三者中的最小值作为当前的最大允许供电电流。这一设置确保了在整个充电过程中，充电电流的输出既不过大也不过小，既能满足充电需求又避免了超负荷带来的安全隐患。

在充电开始前，一旦车辆控制装置判定充电接口已经充分连接，且当前最大允许充电电流已被设定好，车载充电机便正式开启工作，对电动汽车进行充电操作。

在整个充电过程中，车辆控制装置保持持续的监控，不仅关注充电接口的连接状态，还实时追踪供电设备提供的功率变化情况，以及检测点 2 的峰值电压和占空比。当发现占空比有所变化时，车辆控制装置会立即作出响应，动态调整车载充电机的输出功率，以保持整个充电过程的稳定与效率。这种实时的调节机制确保了充电操作能够适应供电条件的变化，同时最大化利用供电资源，实现安全、高效、稳定的充电体验。

6. 特殊模式充电

在采用充电模式 1 进行电动汽车充电时，为了确保充电过程的安全与效率，充电电缆上通常配置一个振荡电路装置，该装置具有固定的 20% 占空比。若供电设备不具备这样的振荡电路，电动汽车则需要通过特定步骤来确认充电电缆是否完全连接。

在确认充电电缆已与车载充电机正确连接到交流电网后，车辆控制装置会在初次上电后的某个固定时间，如 5 秒内，等待接收振荡器发出的振荡信号。这一时间设置基于确保充电电缆连接的稳定性，同时也是系统自我验证的过程之一。

若在此期间未接收到振荡器的信号，表明可能充电接口尚未完全连接到位，此时需要执行下一步骤：闭合特殊模式开关 S2（通常位于充电枪上）。这一动作的目的是再次验证充电接口的状态。通过观察检测点 2 的电压，车辆控制装置能够准确判断充电接口的连接情况——当检测点 2 的电压低于 2V 或 4V 时，表示充电接口已成功连接；反之，若电压上升至 12V 或 24V，则说明接口未连接，需重新检查和尝试连接。

在经过上述步骤后，确认充电接口完全连接后，车辆控制装置会指示车载充电机按照充电模式 1 的规定，即额定电流进行充电操作。这确保了充电过程的启动遵循预设的安全标准和效率目标。

为了保证充电过程的持续安全，车辆控制装置在整个充电过程中必须持续监控充电接口的连接状态。一旦监测到任何异常，例如插头松动或接触不良等导致的连接问题，系统应迅速响应，自动关闭车载充电机，避免因非正常连接引发的安全隐患。这一系列的判断和操作流程，旨在为用户提供既便捷又安全的充电体验。

7. 直流充电接口带载插拔保护原理

在直流充电过程中，确保操作人员的安全以及充电过程的顺畅至关重要。因此，在没有完善的保护控制机制的情况下，直流充电接口在带负载状态下插拔可能会给操作人员带来潜在的危险。为解决这一问题，我们需要通过电池管理系统与非车载充电设备之间的紧密协作，以及在充电逻辑上的严格控制，来实现充电接口在插拔过程中的无负载操作。

充电接口的结构设计包含通信端子、直流输出端子以及低压辅助电源端子。在充电接口拔开时，正确的断开顺序应当是通信端子首先断开，随后是低压辅助电源端子，最后是直流输出端子。这一设计确保了在物理断开充电线缆前，相关电路已被妥善隔离，减少了意外触电的风险。

电池管理系统与非车载充电设备（充电桩）在充电过程中的交互与控制逻辑紧密相连，具体步骤如下：

初始化阶段：充电桩通过低压辅助电源端子向电动汽车的电池管理系统供电，以确保电池管理系统能够正常运行并准备好接收来自充电桩的信息与指令。

通信与握手阶段：电池管理系统与充电桩之间建立通信，完成必要的信息交换和配置阶段，确保双方能够理解彼此的操作意图与充电参数。

正式充电阶段：在完成握手阶段与配置阶段后，充电桩启动正式的充电程序，开始对电动汽车进行充电。

数据传输监控：在充电过程中，电池管理系统周期性地向充电桩发送充电级别需求报文。如果在连续100毫秒内未接收到这些报文，充电桩将认为存在通信中断或其他故障的可能性，从而立即关闭输出，避免数据丢失导致的潜在安全风险。

断路器机制：若低压辅助电源端子发生断开（可能是接口拔出导致），应立即激活断路接触器，以迅速切断直流充电回路，防止电气事故的发生，并确保操作人员的安全。

上述控制逻辑的实现，不仅有效保障了操作人员在充电过程中的安全性，还确保了充电过程的高效与可靠，为电动汽车的充电提供了稳定的技术支撑。

四、交流充电管理

（一）交流充电桩

交流充电桩，作为一种重要的充电设施，通常提供比家用插座更高的功率，其功率往往达到三孔插座提供的功率的3倍以上，从而能提供较快的充电速度，适用于不同类型的电动汽车。

家用小功率墙壁供电的充电枪，作为随车配送的辅助充电设备，通过连接小功率充电机与墙壁上的三孔插座，实现基本的交流电供应。充电机，本质上就是一个小型的交流供电桩，通过三孔插头从墙壁获取电力，然后通过充电枪为汽车充电。充电枪的设计与大功率交流桩兼容，确保它可以适配车辆上的标准交流充电接口，方便用户在家中或办公室进行日常充电。

交流充电桩多设于学校、停车场、商业广场等公共场所，由于这类充电桩处于露天且无人看管的状态，确保供电安全尤为重要。其实现方式是当充电线插入充电桩后，充电桩内部的继电器会自动闭合，此时才开始对外输出交流电。若未插充电枪，则充电桩的接口将不输出电力，有效防止了误操作导致的电气安全问题。

充电枪的机械锁系统是其安全保障之一。在充电过程中，车辆侧的充电座内有一个减速电动机，它会伸出一根金属杆，精确插入充电枪平侧孔的机械锁孔中，以此来稳固地固定充电枪，防止在充电过程中意外拔下充电线，确保了充电过程的安全性。

充电枪的锁止与解锁功能通过遥控器来实现，非常便捷。当用户希望锁止充电枪时，只需按下遥控器上的"锁门"按键，电动机会控制锁闩伸出，完成锁止动作。相反，解锁过程则由遥控器上的"开门"按键启动，电动机会控制锁闩回缩，使充电枪松开，便于拔出。这样的设计不仅增强了充电过程的安全性，也为用户提供了一种高效、安全的充电体验。

（二）交流充电桩工作原理

交流充电桩在设计上集成了多项安全防护功能，旨在确保用户充电过程中的安全性。这些功能包括但不限于漏电断电、过流断电、急停、柜门状态监测、接触器状态监控、导引信号 CP 连接状态监测、柜体倾斜或进水状态监测，以及电磁锁状态检查等。值得注意的是，柜体倾斜、柜体进水状态监测和电磁锁状态监控等特定功能并非所有充电桩都标配，可能根据实际应用需求和成本考虑进行选择性配置。

为了进一步增强安全性能，一些充电桩设计中选配了电磁锁功能，它可以在充电过程中将插座与插头锁定，避免意外拔出，从而提高了安全性。同时，充电桩上的 4 个开关量输出控制点分别用于控制接触器、导引信号、充电枪头与插座的电磁锁，以及漏电模拟测试/非常紧急停止，其中漏电模拟测试与非常紧急停止功能可能在早期版本中不包含电磁锁控制。

在外观设计上，充电桩一般设有 4 个开关量灯控制输出点，用以驱动照明 LED 及红、黄、绿信号 LED，直观提示充电状态，方便用户了解充电进展。

充电桩的核心组成部分主要包括交流供电电路、报警检测系统与微控制器。其中，交流供电电路采用 L（火线）和 N（零线）两根导线，并通过一系列开关、接触器等元件构成电路路径。漏电自动断开开关 S1 和电流限制开关 S2 共同作用于电路保护，前者在电流过大（约 50A）或检测到超过 30mA 的漏电电流时自动断开，后者在回路出现大于 125% 的过流（约 40A）或短路情况时立即分断故障。接触器 SM 作为关键控制元件，通过弱电信号控制充电/停止状态，并由辅助开关监测其动作状态。

为了进一步保障安全，充电桩通常配备急停功能。这一功能通过 220V 交流电激活电磁线圈,由弱电继电器控制其工作状态,确保在紧急情况下能够快速断开电源。同时,充电桩在设计上通常具备机械锁扣,即充电枪与插座之间的物理锁定机制,避免充电过程中人为拔出插头,增加了使用过程中的安全性。

通过上述设计与功能集成,交流充电桩不仅提供了高效便捷的充电服务,更显著提升了充电过程中的安全性,满足了现代电动汽车用户的充电需求。

(三)报警检测与控制电路

交流充电桩的电路设计体现了对安全性和可靠性的高度关注。以下是其设计特点的详细说明:

1. 开关量输入电路

尽管开关量输入通常源于干接点或独立电路单元,但为了提高整体的安全性,该电路与主板实现电隔离。这种设计在发生恶性故障时,能有效防止故障蔓延,确保输出控制电路的正常运行。

2. 模拟量信号

电能表不仅用于电量计量,还提供包括电压、电流和时间在内的模拟量数据。这些数据通过弱电信号被实时读取,用于判断是否出现过压/欠压(轻微异常)或过流(超出±10%)的情况,必要时中断充电服务,确保使用安全。

3. 导引脉冲信号

直接连接至充电插座的导引脉冲信号包含了相关信息。为保障信号线路安全,输出端口上设置了管状保险丝和±18V的TVS瞬态电压抑制二极管。一旦信号回路电压超过±18V,TVS会嵌压放电;如果放电能量较大,则保险丝熔断,切断回路。导引脉冲信号通过继电器控制输出。

4. 接触器控制

接触器的控制通过继电器实现,以隔离强电和弱电系统。继电器线圈采用弱电控制,以减少对直流稳压电源的影响。在继电器接点上附加470V的压敏电阻,有助于释放线圈回路的感应电势,减少接点间火花的产生,延长继电器寿命。

5. 漏电开关与紧急停止

漏电开关的漏电模拟测试电路同样通过继电器控制。通过在开关功能正常下模拟漏电,断路器动作以测试其性能。这一控制回路在模拟漏电期间还能触发紧急停止功能。

6. 电磁锁与电容预充电

电磁锁功率大,使用两个继电器交叉极性脉冲瞬动后自锁。为避免启动时对直流稳压电源的冲击,设计了电容预充电电路。

7. 照明LED

照明LED独立于其他电路,采用白色LED直接由弱电系统开关量输出电路控制,通过时间与刷卡操作进行控制。

8. 信号LED

信号LED也是一个独立的电路单元,由三种颜色的LED(红色、黄色、绿色)组成，直接由弱电系统开关量输出电路控制，作为系统工作状态的直接可视化反馈给用户。

这样的设计确保了交流充电桩在充电过程中既能提供高效服务，又能最大限度地保障用户安全，通过多重机制防止潜在的电气问题。

（四）弱电控制系统

弱电控制系统是一个集成度高、安全性要求严格的系统，主要组件包括电脑主板、I/O 接口板、液晶触摸屏、读卡器、打印机、喇叭、照明灯、信号灯等。此外，系统内部还包括信号采集、控制以及与上位管理系统进行数据交换的网络接口（如 LAN、CAN），以及其他备用接口（如 USB、232）。这些组件均依赖统一的直流稳压电源供电，以确保系统的稳定运行。

在电力供应方面，弱电控制系统的交流电源独立于充电回路，由带有漏电保护的断路器提供。在紧急故障发生时，即便充电回路的所有开关均无异常动作，该设计仍能确保弱电控制系统的持续供电。这一特性尤为重要，因为它允许系统在紧急情况下及时向上位管理系统发送报警信息，以采取进一步的应对措施。

在安全防护方面，系统采取了多层次的过流和过压管理策略。对于常规的过流和过压情况，系统通常通过软件报警或自动分断接触器来进行处理。对于更大的突发性电流，系统配备了专门的快速响应设备（如 S2）进行实时分断。在极端情况之下，系统能够实现从 S2 升级至 S1 的快速分断，从而确保在任何情况下都能迅速切断可能的危险。

接触器在处理大电流时可能会出现触头黏连的问题，这虽不常见，但在实际操作中增加了拔插充电插头时的潜在风险。为解决这一问题，系统通过软件逻辑判别接触器的状态，并在确认接触器完全断开之后，再执行电磁锁的开启操作。这种设计不仅提高了系统的安全性，也增强了对潜在风险的预防能力，进一步提升了用户使用的安心度。

五、直流充电管理

直流充电桩是通过内部 AC/DC 充电模块，将交流电转换成直流电，给电动汽车内的动力电池进行充电。功率等级：单枪 30kW 或 60kW，双枪 120kW；输出电压等级：DC200～450V 乘用车、DC300～750V 商用车、DC200Z～50V 通用型。

（一）直流充电桩充电接口

直流充电枪接口包含几根线，其功能与排列如下：

1. 直流电源线路

包含 DC + 和 DC – 两根线。这两根线直接连接直流充电桩，为电动汽车提供电力，实现充电过程。

2. 设备地线 PE

这是一根地线，用于确保汽车车身与直流充电桩等的电位相等，即实现电气接地，增强系统整体的电气安全性。

3. 充电通信线路

采用 S + 和 S − 标记，这是充电通信线路的一种表示方法，代表 CAN 总线的一部分。通过 CAN 总线，汽车的电池管理系统与充电桩的控制器之间进行双向的数据传输与通信，以确保充电过程的高效与安全。

4. 充电连接确认线路

包含 CC1 和 CC2 两根线，它们主要用于验证充电插头是否正确且完全插入插座，当插头与插座连接时，这两根线会发送特定信号以确认连接状态，确保充电过程的开始条件得到满足。

5. 低压辅助电源线路

包含 A + 和 A − 两根线，这些线在汽车 12V 蓄电池失效时发挥关键作用。它们为汽车上的电池管理系统等控制器及继电器等部件提供电力，保证车辆的基本功能不受影响，直至主电源恢复工作。

以上五个部分构成了直流充电枪接口的主要功能模块，都在充电过程中扮演着不可或缺的角色，共同确保了充电过程的顺利进行和车辆充电时的电气安全。

(二) 充电控制流程

当电池未出现故障时，整个充电流程按照以下步骤进行：

首先，充电桩的管理部门将充电卡发放给需要充电的用户。随后，用户通过充电桩界面扫描该卡，并授权使用。此时，中心管理平台会辨识出卡的类型以及用户信息。若认证通过，则允许用户将充电枪插入电动汽车的充电插座上，并进行连接确认程序。

确认充电枪已成功连接后，充电桩内部的辅助电源系统启动，以确保汽车的电池能够在充电过程中得到必要的电力补充，避免电池电量不足而影响正常运作。紧接着，当电池管理系统被上电后，它会与充电桩的控制器建立通信联系，并控制直流充电隔离继电器闭合，确保充电过程的进行。

之后，充电桩的控制器会在初始化后接收电池管理系统发送的汽车电池的详细信息，包括但不限于电池类型、电压、温度及是否有任何潜在的故障。在此基础上，充电控制模块会依据当前电池类型和状态，来决定并执行最适合的充电模式，从而实现高效的、符合电池需求的充电操作。这一流程保证了充电过程的安全性和有效性，同时兼顾了对不同电池类型和状态的适应性，确保每次充电都能达到最佳效果。

(三) 直流充电桩结构组成

直流充电桩由充电模块、12V 开关电源、24V 开关电源、充电桩控制器、直流绝缘检测计量模块、智能电表和散热风扇等组成，其核心结构是充电模块和充电桩控制器。

（四）直流充电模块

直流充电桩因其大功率输出特性，通常能够达到几十到上百千瓦，单靠单一模块难以实现这样的输出功率，因此充电桩内部设计采用多个直流充电模块并联工作的方式。充电桩内部模块数量的实际配置，取决于其对外输出功率的需求，通常配置为 8 个模块，以满足功率要求。

研发体积小、重量轻、效能高的直流充电桩是推动电动汽车普及的关键因素之一，减少充电模块的数量更是直流充电桩技术发展的方向之一。这样的设计不仅能够提高空间利用率和移动便利性，还能有效降低系统的能耗和成本，提高整体性能。

直流充电模块是由多个关键组件构成的复杂系统，具体包括：

1. 自动功率因数校正模块

负责调整输入电流的相位与电网电压保持一致，提升电能传输效率并减弱对电网的冲击。

2. DC/AC 逆变模块

将直流电转换为交流电，以适应负载设备的需求。

3. 高频变压器

用于提升变换效率，减小体积和减轻重量，同时隔离高压部分，确保安全。

4. AC/DC 整流模块

将交流电转换为直流电，为电动汽车提供充电所需的电力。

5. 控制模块

精确控制充电过程中的各项参数，如电流、电压、功率等，保障充电效率和安全性。

6. CAN 通信控制模块

采用控制器局域网络协议进行模块间的信息交换，实现数据共享和协同控制。

7. 保护电路

确保系统运行安全，防止过压、过流等异常情况的发生，保护充电桩和电动汽车免受损害。

上述模块的合理集成和优化设计，共同构成了高效、可靠的直流充电桩，对于促进电动汽车产业的发展具有重要意义。

第二节 新能源汽车的电池管理系统故障分析

一、电池管理系统

电池管理系统是一个关键的组件，它主要负责监控和管理一组电池，特别是电动汽车或储能系统中的电池组。通过精准监测每一枚单体电池的状态，BMS 能够综合分析得出整个电池系统当前的荷电状态和健康状态，并据此执行相应的控制和策略调整，以确保电池系统的高效、安全和稳定运行。

BMS 的核心功能如下：

1. 数据采集

BMS 通过内置传感器收集电池组中的实时数据，包括电压、电流、温度等关键参数，为后续的分析和决策提供依据。

2. 状态监测

基于收集的数据，BMS 实时评估电池的状态，如荷电状态和健康状态，并预测电池性能的变化趋势，以便采取相应的维护措施。

3. 均衡控制

在多电池单元构成的电池组中，性能和状态差异可能会导致电池之间出现不均衡性，BMS 通过均衡策略，如电压均衡或功率均衡，来调整各电池单元的性能，确保系统的整体稳定性和效率。

4. 热管理

BMS 监测电池组的温度变化，通过主动或被动冷却系统，确保电池处于最佳工作温度范围内，避免过热或过冷造成的性能下降和安全隐患。

5. 安全保护

在发现异常情况，如过充电、过放电、短路等潜在风险时，BMS 会立即启动保护机制，切断电流或减缓电池的充电和放电速率，以防止电池损坏或火灾等安全事故的发生。

6. 信息管理

BMS 还可以与车辆的中央控制系统或其他外部设备通信，提供电池状态的相关信息，支持车辆的整体能源管理策略，同时为用户提供详细的电池状态报告和维护建议。

综上所述，BMS 作为电池系统的"大脑"，通过精准的数据处理和智能化的控制策略，确保了电池系统的安全、可靠和高效运行，对电动汽车的性能和用户体验有着至关重要的影响。

二、纯电动汽车低压电池故障分析

在新能源汽车的运行过程中，驱动系统通常依赖于高压电池与低压蓄电池两个主要组成部分。高压电池直接为汽车提供动力，而低压蓄电池则通过 DC/DC 转换器，在电池能量充足时，将其高电压转换为低电压，供给汽车的低电压系统及全车的运行，确保车辆在各种需求下的正常工作。

当低压蓄电池供电充足时，车辆内部的系统得以顺畅运行，对电池状态的监控、车内空调等关键功能起到了支撑作用。作为汽车的心脏——控制器，不仅需响应驾驶者的指令，还需维持车辆的安全稳定行驶状态。此外，它还需要处理电池与驱动系统间的数据交换，并基于驾驶者的需求进行即时的数据分析与计算。

当前，新能源汽车中电池故障问题较为常见，大致归纳为以下四个核心问题：

1. DC/DC 转换器的控制器故障

这一环节的异常会导致车辆控制器无法准确反馈整个车辆的运行状况，进而影响到车辆的正常操作。

2. 低压蓄电池电压收集传感器出现问题

传感器的不准确或故障可能会误导车辆控制系统，影响电池管理系统对电池状态的正确评估。

3. DC/DC 转换器电路输出异常

如果转换器电路无法正常工作，可能造成电池能量分配不均，影响车辆的性能表现。

4. DC/DC 转换器与低压蓄电池电压不匹配

这种情况下，电池之间的电压差异过大，可能导致电池性能受损，严重时甚至影响整个系统的稳定运行。

综上所述，这些问题直接影响了新能源汽车的性能与安全性，识别与解决这些故障是提升车辆使用体验和延长电池寿命的关键所在。针对上述每一点问题，都需要针对性地进行故障排查与修复，以确保车辆的持续高效运作。

三、动力电池管理系统常见故障

（一）对电池问题作准确的分析

在驾驶电动汽车时，电池电压可能出现四种关键状况，每一种都需要我们采取相应的措施：

1. 诊断电池本体问题

当电池电压偏离正常范围时，首先需确认是电池本身存在问题，还是外部因素导致的异常。这需要使用万用表进行精确的电压测量，将实际测量值与标准值进行对比。如果发现差距显著，则可以断定电池存在故障。这时，应当及时替换故障电池或寻求专业维修服务。

2. 检查采集线与螺丝

电池单体电压的准确采集对于车辆运行至关重要。如果发现采集器故障，应检查是否因螺丝松动导致采集线无法稳固连接端口，从而影响数据准确性。检修人员需仔细检查并紧固螺丝，排除线路接触不良的可能性，确保采集系统的正常运作。

3. 关注保险丝状况

电池电路的保险丝起到保护电池电路安全的作用。如果保险丝出现问题，可能导致车辆无法正常行驶。因此，应定期监测保险丝状态，利用测量仪器检查其具体数值是否在合理范围内。一旦发现超出科学范围，说明保险丝存在故障，应及时进行维修或更换，确保行车安全。

4. 定期检查电池板

为了有效诊断电池板是否存在问题，定期测量电池电压并与标准值进行对比是必要的步骤。通过观察测量结果与采集数据的差异，可以初步判断电池板的健康状况。若发现两者数值不一致，表示电池板可能存在故障，应立即采取措施进行更换，以免影响整体电池性能。

通过上述措施，能够有效管理和维护电动汽车的电池系统，确保车辆在各个运行阶段的安全与高效。

（二）铜排和电池组模的问题

新能源汽车的电池系统内部结构复杂，管理器虽然具备一定的控制能力，但仍可能因电池特性各异等无法完全保障电池性能的稳定发挥。为确保电池系统的可靠性和安全性，管理器通常会配备铜排作为电源分配的重要组件。铜排与电池协同工作，通过其稳定的电流传导性能，有效降低了汽车电池出现漏电的风险，及时识别并处理单体电池可能出现的故障，从而调节两端电压，维持电池系统的正常运转。

然而，铜排作为连接电池和整个系统的关键部件，其自身的稳定性和接触性同样至关重要。如果铜排出现故障或接触不稳定，将会直接影响电池组合的正常工作。这种情况不仅会导致汽车在运行过程中出现异常状况，影响乘车体验和安全，更可能引发更深层次的电气问题，严重时甚至危及车辆及乘客的安全。

鉴于此，维护好铜排的接触稳定性显得尤为重要。定期对铜排进行检查和维护，确保其表面无氧化、腐蚀或损伤，以保证良好的导电性能，是预防电气故障、确保汽车安全行驶的基础。同时，在日常操作中，避免粗暴操作导致的铜排损坏或接触不良，也同样是防范潜在风险的有效手段。通过对铜排进行有效的管理与维护，不仅能延长电池系统的使用寿命，还能提升新能源汽车的整体性能与可靠性，为用户的出行提供更加安全、便捷的体验。

（三）控制器局域网总线故障

控制器局域网总线的正常运作对于汽车电子系统的高效协调至关重要。故障原因主要有两种情况：一种是 CAN 线的脱落，导致信号传输中断；另一种则是端子推针问题，影响了信号的有效传递。当 CAN 总线发生故障时，可能会引起仪表板的异常显示、车辆启动困难以及车辆动力输出不足等现象，严重影响行车安全和驾乘体验。

在对这类故障进行检修时，第一步是确保电池管理系统的正常供电。在供电确认无误之后，下一步的操作便是利用多用表将测量模式调整为交流电压，并对 CAN 总线的两条主要信号线——高速线和低速线进行电压测量。在理想状态下，这两条线之间的电压应当稳定在 1.5V 左右。若测得的电压数值偏离这一标准范围，说明 BMS 可能存在故障，需要进一步排查具体原因或者更换相关的硬件设备。

这一过程体现了对 CAN 总线故障快速诊断和有效处理的重要性。准确地识别故障源头，采取合适的修复措施，可以避免车辆在行驶中的安全隐患，同时提高行车的舒适度和效率。通过持续优化故障诊断和维修流程，可以有效提升汽车电子系统的整体稳定性和可靠性，为用户提供更加安全、高效的驾驶体验。

（四）电压采集故障

电池管理系统的电压监控功能是确保电池安全运行的关键。一旦出现电压采集异常，维修人员可以通过以下步骤来进行有效的诊断和处理：

1. 欠压检测

首先，维修人员需查看电池管理系统提供的电压监控值，以便与实际电压进行比对。接着，使用多用表对电池的实际电压进行精确测量。如果发现监控值与实际测量值之间存在显著差异，尤其是电压过低，可能表明电池存在欠压问题。此时，应立即检查并替换有问题的电池，以确保电池性能稳定，防止可能的安全隐患。

2. 采集线端子检查

若初步判断并非电池本身的问题，应进一步检查电压采集系统。重点关注采集线端子上的紧固螺栓是否稳固。轻微摇晃采集端子，可以检验螺栓的紧固程度，如发现螺栓松动，需及时拧紧，以保证连接的紧密性。此外，还需检查采集线的物理接触状态，若存在接触不良的情况，应考虑更换新的采集线，确保电压信号的准确传输。

3. 保险丝检查与更换

在排除电池和采集线路的问题后，最后一步是对系统中的保险丝进行检查。使用适当的测量工具测量保险丝的电阻值。当保险丝的电阻值超过预定阈值（如 10 欧姆），这通常表示保险丝已经损坏。在这种情况下，应及时更换新的保险丝，以恢复系统正常运行，防止保险丝损坏导致的电压短路或其他潜在风险。

通过以上步骤的逐一排查和针对性的处理，可以有效定位并解决电池管理系统中电压采集异常的问题，从而保障电池的健康运行和整个系统的稳定可靠。

（五）温度测量故障

电池管理系统的温度监测功能对于确保电池安全高效地运行至关重要。一旦发现温度测量数据出现异常，维修人员应从以下几个方面着手进行排查与修复：

1. 传感器功能检查

首先，维修人员应当仔细检查传感器与系统之间的对接插头，确保其连接稳固且无松动现象。在确认插头连接无误的情况下，若仍发现温度传感器读数异常，可能意味着传感器自身存在问题。这时，应考虑更换新的温度传感器，以恢复准确的温度测量功能。

2. 线束与连接状况检查

如果排除了传感器故障的可能性，接下来应着重检查传感器与电池管理系统之间的线束以及连接部分。这包括查看线束是否出现了松动、断裂、磨损或脱落等情况。针对任何发现的松动或损坏，都需要进行相应的修复或更换，确保信号传输的畅通无阻，从而维持正常的温度监测。

通过这样的步骤，不仅可以有效识别并定位温度测量异常的原因，还能采取正确的措施予以解决，确保电池管理系统能够持续提供准确的温度信息，进而保障电池在适宜的环境中稳定运行，避免过热或低温导致的性能下降或安全隐患。

（六）绝缘故障

电池管理系统的绝缘故障是影响电池安全性和正常运行的重要问题，常见的原因包括电压采集线破损、高压线破损、箱体短接等。一旦检测到绝缘故障，维修人员可以通过以下几个步骤进行有效的排查与修复：

1. 高压负载漏电排查

在确认绝缘故障后，维修人员应该采用分段式排查法，即依次断开设备的电源开关，通过逐个恢复的方式，找到产生绝缘故障的具体设备。一旦定位到疑似故障点，应对其进行详细检查，必要时进行维修或更换，确保设备的绝缘性能恢复正常。

2. 高压线及连接器损坏处理

通过使用兆欧表对高压线和连接器进行绝缘性测试，一旦发现损坏迹象（如绝缘电阻值显著降低），则需立即更换受损的高压线或连接器，以防止进一步的安全隐患。

3. 电池箱进水与电池漏液应对

对于电池箱进水或电池漏液导致的绝缘故障，首要任务是迅速采取措施清理积水，并确保电池箱内部干燥。应使用吸水工具清除积水，并利用干燥剂或风干设备加快干燥过程。对于出现漏液情况的电池，务必及时更换，以避免电池内部短路，同时，更换新电池前要彻底清洁电池箱，确保安装过程的环境清洁。

通过上述方法，不仅能够有效定位和解决电池管理系统中的绝缘故障问题，还能够提高电池系统的整体安全性与可靠性。

四、动力电池热管理系统常见故障

（一）空调系统故障

这种情况下，检修人员可以检查空调驱动器、压缩机、传感器、其他制冷部件和线路等，确认是设备故障还是线路故障。故障确认后，可对设备或线路进行维修或更换。

（二）电驱动系统故障

这种情况下，检修人员可以检查驱动电机、驱动电机控制器、旋转变压器、传感器、冷却系统和线路故障等。故障确认后，及时维修和更换相关设备、线路。

（三）电池管理系统故障

这种情况下，检修人员可以检查电池管理系统、动力电池、电池信息采集器和冷却系统等。如果发现设备损坏、接触不良或线路不良等问题，可采取针对性解决措施。

（四）高压配电系统常见故障

新能源汽车的高压配电系统是一个复杂而关键的组成部分，它涵盖了主电池系统、动力总成、高压电控系统、充电系统、高压设备以及线束系统等多个重要环节，共同负责汽车的启动、运行、充放电以及功率调节等功能。该系统的电压通常高达数百伏，因此其稳定性与安全性对于保障车辆及乘员的安全至关重要。任何单个组件的故障都可能引发严重的安全隐患，如电池过热、电气短路、充电失控等问题，进而可能导致火灾、触电甚至爆炸等危险事故。因此，确保高压配电系统的正常运作和高效维护是新能源汽车行业面临的重要挑战之一，这不仅关系到汽车的性能表现，更是直接关乎使用者的生命安全。一般来说，高压配电系统故障可以分为动力电池组故障、互锁故障和上电故障等，高压配电系统的常见故障如表 5-1 所示。

表 5-1 高压配电系统的常见故障

故障类型	故障现象
动力电池组故障	电池漏液、甩出，有害气体聚集，温度过高
互锁故障	高压环路互锁故障、接通信号的互锁控制故障
上电故障	容性负载上电冲击
电压故障	电压过高或过低
短路故障	器件被烧坏，甚至起火

五、更换电池的作业过程

（一）拆装蓄电池箱要点

电池箱的拆解过程需要严格遵循安全操作规程，以确保人员安全和设备完整。首先，确保车辆的点火开关被关闭，使车辆上的控制单元断电，继电器组线圈随之断电，继电器触点开关也随之断开。从安全考虑，进一步采取措施断开 12V 铅酸电池电源，确保全车所有执行器均断电，同时高压配电箱的供电继电器组也会随之断电。此阶段的操作保证了高压配电箱输出的高压网络是完全安全的。

为了防止高压继电器组因触点黏连而导致意外情况，设计了在高压蓄电池中间串联带有保险丝的检修塞，以便在紧急断电的情况下，通过人工取下检修塞来实现断电操作。

在实际需要进行带电检查的场景下，检修塞不能取下，此时必须穿戴高压防护装备，包括手套、电工鞋和护目镜。但在拆卸高压部件或从高压网络上拆卸特定高压部件时，应先取下检修塞，确保电池箱外部高压网络无高压状态，此时作业不再需要高压防护。

接下来，放掉冷却系统的防冻液时，需要确认冷却系统是否包含热交换器，例如，在吉利帝豪 EV300 电动车中，其冷却系统包含热交换器，因此在放掉冷却液时需特别注意，确保不是电池的冷却液被错误地排放，以避免不必要的液体损耗。

最后，在拆卸电池箱与车身的连接时，使用电池举升车托起电池箱，并小心降下举升车。在此过程中，要时刻关注电池所在的车身位置，预防重心改变导致举升车翻覆。在整个拆解过程中，应始终保持高度警惕，严格按照操作规程执行，确保每一个步骤都安全无误。

（二）电池箱组装要点

电池箱在设计与组装时面临着复杂的工作环境挑战，如振动、涉水、沙尘、泥水及冷热交替，因此，其组装过程中涉及的关键技术主要包括密封性、力矩控制、原位捆绑以及防接触隔离措施。

力矩控制是至关重要的环节之一。在电池箱组装过程中，所有高压电缆经过的连接点的力矩都需要严格达到生产厂家的标准，任何疏忽都可能导致安全隐患。这些连接点涉及高压配电箱上继电器与电缆的连接、电池组间的连接，以及检修塞座与电缆的连接等多个方面。

原位捆绑策略则强调了对电池与信号采集模块之间线束连接的稳固性管理。确保每块信号采集模块的安装稳固，可以通过手动检查来判断，如有明显的移动现象，则需重新固定。在电池周围可能与电池箱壳体发生碰撞或磨损的地方，会使用专门的绝缘胶带进行线束固定及磨损防护，这些操作需要详细记录，例如用手机拍摄下胶带的原始位置，在完成组装后，按照原位置粘回胶带，以确保维护一致性。

对于电池上盖内的内衬布，虽然其设计初衷是与上盖内表面紧密贴合，但在实际应用中可能因各种原因导致内衬布脱离，这可能会导致在盖上盖时与控制线束或高压电缆线束产生碰撞。为此，确保电池上盖与下托板间的密封条完好无损极为重要，一旦发现有损坏情况，应及时更换并重新安装，以保证电池箱的整体密封性和功能性。

总之，通过严格控制力矩、实施有效的原位捆绑策略、确保关键部件间的正确隔离与固定，以及定期检查和维护电池箱内部组件，可以有效提升电池箱的耐用性和安全性，满足其在恶劣环境下的长期稳定运行需求。

第三节　新能源汽车电池管理系统的检修

一、混合动力蓄电池的传感器模块

电池管理系统在电动汽车中扮演着至关重要的角色，它通过串行通信的方式将高压蓄电池的电压信息传递给动力管理控制 ECU，以确保车辆的电气系统能够高效、安全地运行。为了确保这一过程的顺利进行，一系列的检查程序已被设计出来。

在进行电池管理系统检查时，一个值得注意的操作步骤是在换挡杆被置于 N（空挡）位置时，执行检查过程。如果这个检查程序进行了过长时间，可能因电池管理系统或相关电路长时间处于高压工作状态而引发一些问题，导致系统错误设置特定故障代码。因此，合理的检查时间和频率至关重要，避免不必要的系统压力和潜在的误报。

一旦完成了故障排除并且有必要更换电池管理系统的情况发生，在新电池管理系统的安装完成后，再次验证其性能是必不可少的。这一步骤通常包括对系统进行初始化和校准，确保其能够准确测量并反馈电压信息。

在电源开关置于 ON 位置、选择驻车挡并且发动机处于停机状态的情况下，进行必要的电压确认是检测电池管理系统功能是否正常的一个关键指标。具体来说，数据表中的"电源电压""增压前的 VL－电压"和"增压后的 VH－电压"值应达到或超过220V，表明电池管理系统能够在不同状态下提供足够的电压支持，满足车辆电气系统的需求。这一确认步骤不仅有助于验证更换操作的正确性，还能确保在后续的驾驶过程中，电池管理系统能有效管理和分配电力资源，保障车辆的正常运行。

当系统正常时，电源电压、增压前的 VL－电压、增压后的 VH－电压的值应几乎相等（换挡杆置于空挡时不会出现电压增加）。如果各电压之间的差超过表 5－2 所示的允许范围，则说明带转换器的变频器有故障。

表 5－2　增压前的 VL－电压、增压后的 VH－电压、电源电压的电压允许差

检查电压	最大电压差/V
电源电压和增压前的 VL－电压之间的差	50
电源电压和增压后的 VH－电压之间的差	70
增压前的 VL－电压和增压后的 VH－电压之间的差	90

二、混合动力蓄电池的分组电压

高压蓄电池在电动汽车中扮演核心角色，采用的是镍氢电池类型，具有独特优势，无须额外外部充电，因其在行驶过程中便可自行回收能量并利用这些能量为车辆提供电力供应。这种自充式的设计，使得电池管理系统能更高效地利用能源，减少能源损耗。

在车辆的运行过程中，通过动力管理控制 ECU 的精确调控，可以维持 HV 蓄电池的 SOC 在理想的水平。这一调节机制不仅保证了电池在需要时能提供充足的电能，同时也延长了电池的使用寿命，并提升了整体的能量利用率。

HV 蓄电池结构独特，由 28 个模块组成，每个模块内部集成有 6 个串联连接的1.2V 蓄电池单体。这种模块化设计使得电池的维护和管理更加灵活便捷。值得注意的是，每两个模块在信号电压采样的层面会被视作一组，这样的划分有助于我们更精准地监测和分析电池状态。

为了确保数据的完整性和准确性，蓄电池智能单元专门存储了 14 组蓄电池单元的

, ，

电压信息。这 14 组电压数据汇集起来形成的总电压，即"升压前电压"，这是用于衡量电池 SOC 的一种静态参考信号。此外，还有一种动态测量 SOC 的方法——电流积分测量，它能够实时监测电流的变化，从而更精确地确定电池的剩余容量，以适应不断变化的用电需求。

综上所述，通过对 HV 蓄电池的模块化设计、动态与静态电压测量方式的结合使用，以及通过精密的 ECU 控制来保持电池 SOC 的稳定，可以有效提升电池的效率和使用寿命，同时确保车辆的性能和驾驶体验。

三、混合动力蓄电池的冷却风扇控制电路

在电动车或混合动力车系统中，HV 蓄电池的冷却系统至关重要，因为它负责保持蓄电池在最佳工作温度范围内，从而提升电池性能和延长其寿命。蓄电池冷却鼓风机总成的转速是由动力管理控制 ECU 直接控制的。当动力管理控制 ECU 识别到必要的冷却需求时，通过端子 FCTL 激活蓄电池鼓风机继电器，继而为蓄电池冷却鼓风机总成供电，其启动并开始循环空气，帮助冷却蓄电池。

ECU 不仅直接控制鼓风机的开关，还根据 HV 蓄电池的实时温度发送指令信号，使鼓风机能够调整转速以匹配当前的散热需求。这确保了即使在极端温度条件下，电池也能保持稳定的温度，避免过热或冷却不充分导致的性能下降或损害风险。

为了进一步提高系统的监控能力与自我诊断性，ECU 通过电池管理系统与蓄电池冷却鼓风机总成进行串行通信。具体而言，ECU 接收并处理从总成传来的电压施加信息作为监控信号。这些信号能够反映鼓风机的实际工作状态和 HV 蓄电池的冷却情况，为 ECU 提供反馈，以便在必要时调整操作策略或发出警报，确保系统的整体安全性和稳定性。这种双向通信机制不仅增强了系统响应的效率和准确性，还为维护人员提供了宝贵的故障诊断信息，有助于预防可能的故障，延长关键组件的使用寿命。

四、高压保险丝

（一）高压保险丝控制电路

高压保险丝控制电路如图 5 - 1 所示。

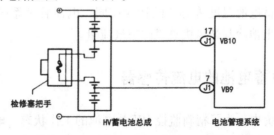

图 5 - 1　高压保险丝控制电路

（二）检查程序

在对高压系统进行任何操作之前，请确保采取一系列关键的安全措施，包括佩戴绝缘手套，并妥善保管检修塞把手，以防被他人意外重新连接至高压系统。在完成拆卸检修塞把手的操作后，务必给予至少 10 分钟的等待时间，以确保带有转换器的逆变器总成内的高压电容器得到充分放电。这样可以最大限度地减少触电的风险。

当面对 HV（高电压）蓄电池的报废情况时，应当寻求并信任具有相应安全处理能力的授权收集商来进行回收工作。在将 HV 蓄电池与车辆分离并断开连接之后，确保电源开关已经置于"OFF"状态。然而，在从辅助蓄电池的负极端子上断开电缆之前，需要额外等待一段特定的时间，以确保车辆的电气系统完全断电，从而避免意外触电事故的发生。因此，在执行这一步骤前，请仔细阅读并理解所有相关的安全指导和警告，以确保个人及他人安全，同时遵守操作流程中的每一个细节。

五、混合动力蓄电池的温度传感器

在 HV 蓄电池系统中，设置了三个关键位置安装有蓄电池温度传感器，这些传感器扮演着监测和控制蓄电池运行环境的重要角色。传感器内部的热敏电阻元件能够敏感地响应温度变化，其阻值随温度的升降而发生变化。具体来说，当温度降低时，热敏电阻的阻值增大；相反，当温度升高时，热敏电阻的阻值减小。这种反应机制使得系统能够准确感知电池的工作状态。

电池管理系统通过这些温度传感器来获取 HV 蓄电池的实时温度信息，并将这些检测数据传输给动力管理控制 ECU。基于接收到的温度检测结果，动力管理控制 ECU 负责实施相应的策略来调节 HV 蓄电池的运行状况。例如，当检测到电池温度超过预设的安全阈值时，ECU 会指令鼓风机风扇启动，增加空气流通，帮助电池散热，从而维持电池的性能和寿命。这一闭环控制系统确保了 HV 蓄电池在最佳状态下运行，提高了整体能源利用效率，同时也保障了系统的安全性和可靠性。

六、混合动力蓄电池的进气温度传感器

进气温度传感器安装在 HV 蓄电池上。传感器电阻随进气温度的变化而变化。进气温度传感器的特性与蓄电池温度传感器的特性相同。电池管理系统利用来自进气温度传感器的信号控制蓄电池冷却鼓风机总成的空气流量。

七、混合动力蓄电池的电流传感器

在 HV 蓄电池系统中，为了精确监控 HV 蓄电池的工作状态，电流传感器被安置在 HV 蓄电池总成的正极电缆一侧。这个装置的主要任务是测量流入或流出 HV 蓄电池的

电流，提供实时的电流信息。

从电流传感器获取的电压信号通过蓄电池智能单元，最终输入到端子 IB 中。这一电压值与实际的电流呈线性关系，通常在 0～5V 波动。电流传感器设计有特定的工作点，当输出电压低于 2.5V 时，表明 HV 蓄电池正在放电，而当输出电压高于 2.5V 时，则意味着 HV 蓄电池正在充电。

这些电流数据会被动力管理控制 ECU 收集，ECU 根据接收到的 IB 端子信号来判断 HV 蓄电池当前是处于充电模式还是放电模式。通过不断累积的电流信息，ECU 可以计算出 HV 蓄电池的 SOC，从而为车辆的电力管理和驱动提供准确的数据支持。

总的来说，电流传感器作为电池系统中的重要组件，不仅能够实时反馈电池的充放电状态，还能辅助动力管理控制 ECU 进行高效的电力分配和管理，确保车辆的高效运行和电池的健康状态。

八、电池管理系统和动力管理控制 ECU 的通信

如果电池管理系统检测到内部故障，则将故障信号发送至动力管理控制 ECU。动力管理控制 ECU 接收到来自蓄电池智能单元的故障信号时，将警告驾驶员并执行失效保护控制。

九、新能源汽车电气设备检修

（一）新能源汽车电气系统结构

新能源汽车的电力系统在传统汽车基础上实现了重大革新，其核心改变在于用蓄电池替代了燃油系统，这一变革推动了汽车从燃油驱动向电力驱动的转型。在这一全新的架构中，包括电池、启动、灯光、信号系统在内的各个电气设备均得以运行，其中，电池尤其是蓄电池扮演着至关重要的角色，它是为整个新能源汽车提供动力的基础。

在电池为代表的电源系统中，包括了发电机和调节器两大关键组件。当汽车在行进过程中，发电机不仅为蓄电池提供了必要的电量补给，还具备了储能的功能。调节器则负责确保电压稳定，降低故障发生的风险，使得整个系统运行平稳、可靠。

启动系统相较于其他部分则更为简化，它主要依赖于启动直流发电机以及路径传动结构的支持，以维持控制装置的正常运作。传动结构不仅为车辆提供了持续的动力支持，同时也确保了发电机能够实现二次供电，构建起一个内部循环系统，有效预防了急停带来的影响。

在灯光系统方面，尽管新能源汽车在设计上可能引入了一些新的技术或节能措施，但其基本结构依然与传统汽车保持了一致，包含尾灯、倒车指示灯、大灯等基本照明设施，以及转向灯、危险报警灯、示廓灯等安全指示设备。车内通常会配备照明灯，

以满足驾驶员对光源的需求。

信号系统中，包含了仪表灯、用电量指示灯等设备。其中，用电量指示灯通过监测车辆各构件的实际应用情况，向驾驶员提供关于车辆使用状态的详细数据，帮助他们更好地了解当前车辆的运行状况。

（二）新能源汽车电气设备故障原因

在新能源汽车的运行环境中，电气设备的正常工作与适宜的温湿度条件紧密相关。若发现电子设备出现老化或故障现象，这很可能与汽车内部的温湿度控制标准不符有关。此外，由于电子元件常处于高湿度环境中，这会直接降低设备的绝缘性能，引发一系列电气设备故障。

另外，新能源汽车内部电气设备系统的电压变动也是不容忽视的因素。通常情况下，这种电压变动分为正常范围内波动和过电压两种。虽然正常范围内的电压波动不会对汽车造成损失，但过电压的出现却能埋下严重的安全隐患。一旦过电压问题严重，汽车在行驶中可能会突然熄火，这对驾驶人员的安全构成了威胁。

再者，不同电子设备之间的相互干扰也是一个亟需关注的问题。随着新能源汽车技术的不断进步，汽车内部电气设备系统的复杂度日益提高，电气系统的稳定性和可靠性也随之增强。然而，不同电子设备间的干扰问题时有发生，未能得到妥善处理时，不仅会影响汽车的整体运行稳定性，甚至可能导致严重的安全事故，后果不堪设想。

（三）电气设备检修方法

新能源汽车电气设备检修主要包括观察法、蓄电池检修、对比检查、碰铁刮火检修以及电流表诊断检修等几种方法。在检修过程中，观察法是极为直接有效的一种方式，它能够通过实时观察电气设备运行状态，迅速识别出故障点，如发现异常冒烟、火花、异常响动或整体温度过高等现象，检修人员可以根据以往的经验，快速排除故障。

针对新能源汽车的电力供应核心——蓄电池，其检修需采用多样化的检测手段。通过使用玻璃管检测液面高度、高率放电计测量等方式，可以获得可靠的数据结果。在进行蓄电池检修时，应严格遵守流程，特别注意移动蓄电池时要轻柔，避免撞击和损坏。

对比检查是一种高效的故障定位方法，通过比较同一型号、种类的故障车辆与正常运行车辆，在维修过程中测量两者的实际电阻、电压参数，记录数据后分析差异，实施二次检查，最终明确故障所在并排除。如果怀疑是电气设备内部元件出现问题，可以尝试将正常工作的电气设备模块替换到故障车辆中，如果故障消除，就证明原来的电气设备确实存在问题，需要更换。

碰铁刮火检修方法虽操作简单，但在实际操作中也具有一定风险。通过连接导线的一端触碰电气设备接线柱，另一端分别与发电机缸体、车体及导线接触，按照一定的顺序刮火，以快速定位故障位置。这一方法适用于紧急故障的快速排查，但必须确保在发动机停止运转的情况下进行，以防止操作不当导致发动机损坏或其他意外事故。

最后，电流表诊断检修是针对新能源汽车电气系统线路故障的重要方法。通过将电流表串联或并联至待诊断电路，观察电流表读数，可以有效判断是否存在短路、断路等问题。这种检测方法有助于准确地定位故障点，为后续的修复工作提供科学依据。在整个检修过程中，每种方法的选择和应用都应根据实际情况灵活调整，确保安全高效地完成电气设备的故障排查与修复。

（四）电气设备检修方案

1. 电源系统检修

在电源系统的运行中，遇到车辆启动后发动机似乎正常运行，然而仪表盘上的充电指示灯却未点亮的现象，这可能是多种因素导致的。常见的故障包括指示灯、指示灯线路、电池，或者是控制系统的问题。初步分析可能表明，指示灯本身、其连接线路、电池输出以及与指示灯相关的控制信号线路可能存在故障。

为了制定有效的检修方案，首先，可以采用一种逐步排除法，即先启动车辆并确保发动机正常运转。然后，仔细观察充电系统的实际运行情况。如果充电系统运行正常而指示灯无反应，则可以初步判定发电机并非故障原因。这意味着问题可能在于指示灯组件本身，或其与充电系统之间的线路连接。因此，建议首先更换指示灯组件，以此排除指示灯本身的故障可能性。

如果更换指示灯后故障依旧未能解决，进一步的检查步骤是使用万用表对整个指示灯系统进行检测。重点是确认灯具的型号是否正确匹配，并检查其与车辆电路系统的连接是否稳固且无虚接。这一步骤能够帮助排除灯具选择错误或是安装问题导致的故障。通过这样的逐层排除，可以有效定位故障根源，进而采取相应的维修措施。在整个检修过程中，重要的是保持细致的检查态度，确保每一环节都得到充分的验证，以便最终能够准确修复车辆电源系统的问题。

2. 启动系统检修

当车辆在启动后处于空挡或驻车状态，驾驶员尝试踩下油门时却发现转速表没有响应，而一旦将档位切换至 D 挡，车辆却能勉强运行，但明显感受到动力不足，这一系列现象指向了几个可能的故障点。其中，一个主要的原因可能是车辆长时间未被使用，导致其蓄电池的电压降低，影响了引擎的启动及后续的动力供应。另一个可能性则是车内电气设备的线路连接出现了问题，如保险丝熔断、电线松动等，这些都可能直接影响到车辆的动力系统运作。

为了解决这个问题，我们可以通过实施排除法来进行故障定位和解决。首先，我们需要检查车辆的蓄电池状况，确保其电量充足。可以通过测量电池电压来判断，一般而言，充满电的蓄电池电压应在 12.6V 以上，而启动过程中的电压应维持在 9.6V 以上。如果电压过低，需要考虑更换新电池或寻找充电点对电池进行充电。

其次，检查车辆的所有电气设备的线路连接情况，确保所有的保险丝均未熔断，所有的电线接头均牢固无松动，特别是那些与启动和动力传输直接相关的线路，如点火线圈、喷油嘴、发动机控制模块等。必要时，可以使用多用途测试工具进行电路检测，以确保电路的连通性。

最后，对发动机管理系统进行基本的诊断检查，确保其正常接收并处理各种传感器的数据，从而正确执行启动和加速过程。可能需要使用专用的诊断仪器来读取故障代码，以便进一步了解具体的故障原因。

通过这样的系统化排查和针对性的检修，可以有效定位并解决上述描述的故障问题，恢复车辆的动力性能。

3. 灯光系统检修

新能源汽车的灯光系统出现问题，可能源自几个相对常见的原因，比如灯具的老化、蓄电池电压的不稳定，或是线路连接出现故障。在对这类故障进行检修时，首要步骤是仔细检查每一个灯具，确认灯具内部熔丝是否完好，如果熔丝并未烧断，接着就应将注意力转向线路部分。检查线路是否存在问题，比如是否存在脱线、松动等情况。

一旦发现问题所在，接下来的步骤就是对症下药。对于灯具的老化问题，通常情况下只能通过更换新的灯具来解决。而如果是蓄电池电压稳定性差导致的影响，则可能需要调整或更换蓄电池，以保证足够的供电能力，支持灯光系统的正常工作。至于线路连接问题，只要找到了问题点，进行紧固或修复即可恢复正常。

在整个检修过程中，保持细致且有条不紊的态度非常关键，从灯具的外观检查到线路的深入排查，每一步都需仔细进行。通过这样的方法，大多数上述原因引起的新能源汽车灯光系统故障都可以得到有效解决。

4. 仪表系统检修

新能源汽车的仪表系统在运作过程中，当仪表盘故障灯出现亮起或闪烁的状态，这通常意味着存在线路接触不良、传感器失效等问题。面对这样的情况，检修人员的首要任务是开展全面的线路检查，仔细查看是否有接触不良的情况发生。完成初步的线路检查后，使用电脑解码仪器成为接下来的重要步骤。通过这一设备，可以获取仪表系统线路中各控制器所显示的数据，进一步了解各个部件的工作状态。借助这些数据，技术人员能够精准判断出是否需要更换某些关键的控制器元件，以排除故障根源。

整个过程强调的是分步排查和数据分析的重要性。在发现故障信号时，首先进行直观的线路检查，确保没有明显的物理性问题。之后，利用专业的诊断工具收集更深层次的信息，这有助于确定问题的具体位置和性质。最后，基于获得的数据，采取相应的维修措施，无论是更换部件还是修复线路，都是为了恢复仪表系统的正常运行。通过这样有条不紊的方法，不仅能够有效解决仪表系统遇到的故障，还能提升维修效率，确保车辆的安全性和可靠性。

参考文献

[1] 吴海东, 袁牧, 苏庆列. 新能源汽车动力电池及管理系统检修 [M]. 北京: 机械工业出版社, 2022.

[2] 孙洁, 罗秋宇. 新能源汽车动力驱动电机电池技术 [M]. 成都: 西南交通大学出版社, 2022.

[3] 杨凤英, 马国英. 新能源汽车故障检修 [M]. 北京: 机械工业出版社, 2022.

[4] 杨世春, 刘新华. 电动汽车动力电池建模与管理系统设计 [M]. 武汉: 华中科技大学出版社, 2022.

[5] 李海清, 李江江, 张士涛. 新能源汽车结构与原理 [M]. 北京: 北京理工大学出版社, 2022.

[6] 李永, 宋健. 复合材料轻量化设计 [M]. 北京: 机械工业出版社, 2022.

[7] 孙宏图, 梁桂航, 孙德林. 电动汽车电器与电子技术 [M]. 北京: 机械工业出版社, 2022.

[8] 严朝勇. 新能源汽车概论 [M]. 北京: 机械工业出版社, 2022.

[9] 张兰春. 新能源汽车与车联网 [M]. 北京: 科学出版社, 2022.

[10] 崔胜民. 新能源汽车技术 300 问 [M]. 北京: 化学工业出版社, 2022.

[11] 吴文琳, 林瑞玉. 汽车维修常用工具与仪器设备使用入门 [M]. 北京: 化学工业出版社, 2022.

[12] 周旭. 新能源汽车动力蓄电池与驱动电机系统结构原理及检修 [M]. 北京: 机械工业出版社, 2021.

[13] 周志雄, 王海, 刘金平. 新能源汽车动力电池管理及维护技术 [M]. 哈尔滨: 哈尔滨工程大学出版社, 2021.

[14] 房伟萍, 郭化超. 新能源汽车动力蓄电池与管理技术 [M]. 济南: 山东大学出版社, 2021.

[15] 廖小峰. 新能源汽车概论 [M]. 重庆: 重庆大学出版社, 2021.

[16] 胡萍, 余朝宽. 新能源汽车概论 [M]. 重庆: 重庆大学出版社, 2021.

[17] 黄勇. 动力电池及能源管理技术 [M]. 重庆: 重庆大学出版社, 2021.

[18] 贺林, 石琴. 动力电池 [M]. 北京: 机械工业出版社, 2021.

[19] 毛彩云, 柯松, 周锡恩. 混合动力电动汽车使用与维护 [M]. 北京: 北京理工大学出版社, 2021.

[20] 殷晓飞. 新能源汽车结构原理与检修 [M]. 沈阳: 辽宁科学技术出版社, 2021.

[21] 路畅, 樊玖林, 崔人志. 新能源汽车故障诊断与排除 [M]. 成都: 西南交通大学出版社, 2021.

[22] 李绪永, 郑希江. 新能源汽车高压安全与防护 [M]. 济南: 山东大学出版社, 2021.

[23] 丁在明, 刘本超. 新能源汽车概论 [M]. 北京: 北京理工大学出版社, 2021.

[24] 阮观强, 张振东. 汽车电器与电子控制技术 [M]. 北京: 机械工业出版社, 2021.

[25] 武志斐. 纯电动汽车原理与结构 [M]. 北京: 北京理工大学出版社, 2021.

[26] 王爱兵, 姜辉, 姜波波. 新能源汽车电池及管理系统检修 [M]. 北京: 机械工业出版社,

2021.

[27] 刘建华，陈宏伟. 新能源电动汽车构造与原理 [M]. 北京：北京交通大学出版社，2021.

[28] 张亚宁，王瑾，张维军. 新能源汽车技术 [M]. 北京：化学工业出版社，2021.

[29] 董铸荣，张凯. 电动汽车动力电池技术 [M]. 北京：北京理工大学出版社，2021.

[30] 吴兴敏，金玲. 新能源汽车 [M]. 2 版. 北京：化学工业出版社，2021.

[31] 何宇漾，华奇，程岩. 新能源汽车构造与维修维护 [M]. 北京：清华大学出版社，2021.

[32] 唐晓丹，庞晓莉，吕灶树. 动力电池及能量管理技术 [M]. 上海：华东师范大学出版社，2021.

[33] 韦孟洲，赵鸿，王桂金. 混合动力汽车构造原理与检修 [M]. 西安：西北工业大学出版社，2021.

[34] 李丽，姚莹，郁亚娟. 锂离子电池回收与资源化技术 [M]. 北京：科学出版社，2021.

[35] 孔超. 新能源汽车动力电池拆装与检测 [M]. 北京：北京理工大学出版社，2020.

[36] 张家佩，许平. 新能源汽车动力电池管理及维护技术 [M]. 北京：电子工业出版社，2020.

[37] 介石磊，孙玉凤. 新能源汽车与新技术 [M]. 成都：电子科技大学出版社，2020.

[38] 付铁军，郭传慧，沈斌. 新能源汽车关键技术 [M]. 北京：机械工业出版社，2020.